7.-10. Schuljahr

Friedhelm Heitmann

Wir lernen das Mittelalter näher kennen

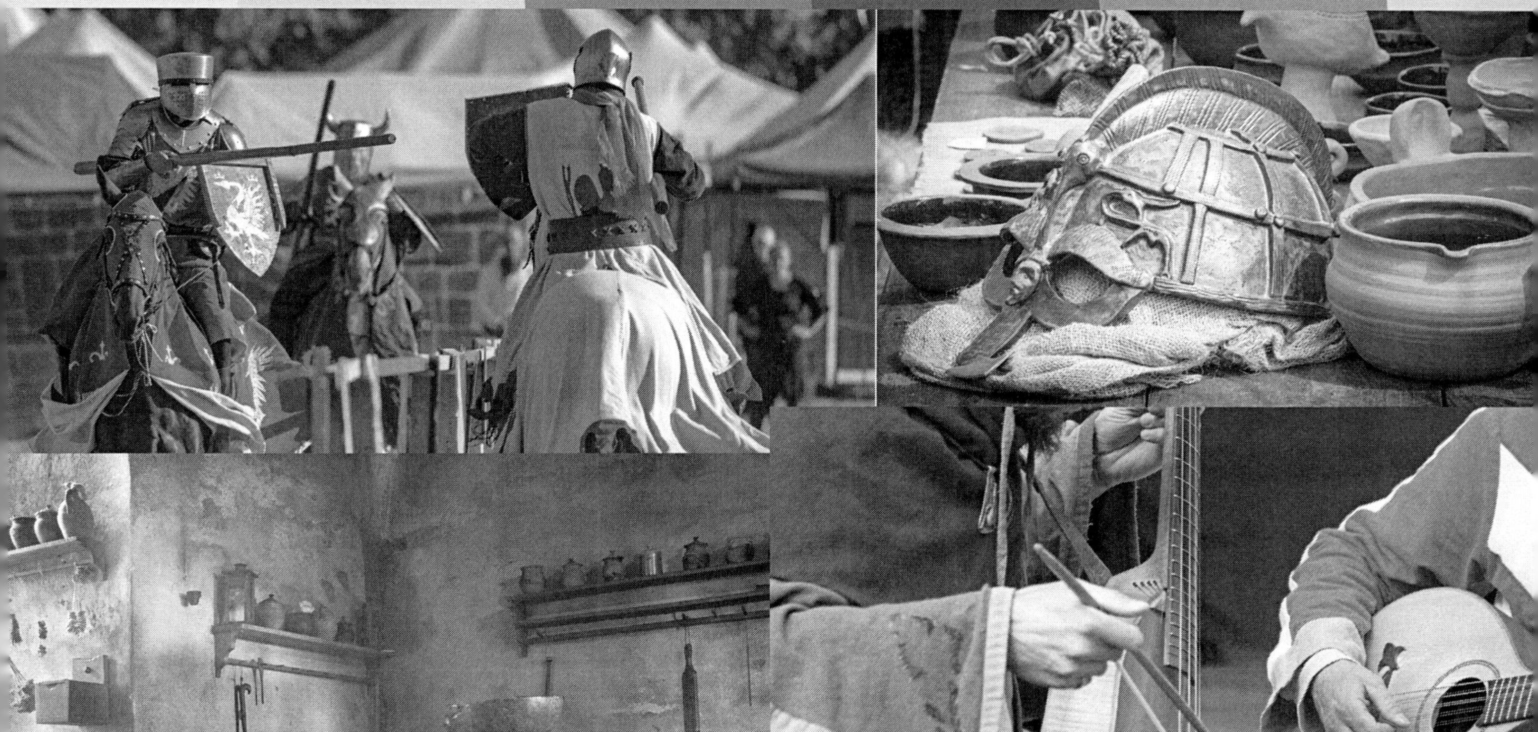

1000 spannende Jahre unter die Lupe genommen

www.kohlverlag.de

Wir lernen das Mittelalter näher kennen

1. Auflage 2020

Inhalt: Friedhelm Heitmann
Coverbilder: © AdobeStock.com
Redaktion: Kohl-Verlag
Grafik & Satz: Kohl-Verlag
Druck: farbo prepress GmbH, Köln

Bestell-Nr. 12 337

ISBN: 978-3-96040-342-5

Bildquellennachweis:

Seite 5: © Andrey Kuzmin - AdobeStock.com; **Seite 6:** © Peter Hermes Furian - AdobeStock.com; **Seite 7:** © lynea - AdobeStock.com; **Seite 9:** Battle of Tannenberg - © Wikimedia.org; **Seite 11:** Eroberung-Jerusalems2 - © wikimedia.org; **Seite 15:** Frankenreich_768 - 811 - © Wikimedia.org; **Seite 16:** Vertrag von Verdun, Furfur - © Wikipedia.org; Vertrag von Meerssen, Furfur - © Wikipedia.org; Vertrag von Verdun und Ribemont, Furfur - © Wikipedia.org; **Seite 17:** Holy Roman Empire 1000 map, Sémhur - © Wikipedia.org; **Seite 18:** Mitteleuropa zur Zeit der Staufer, Alphathon - © Wikipedia.org; **Seite 20:** Burying Plague Victims of Tournai - © Wikipedia.org; **Seite 21:** Bäuerliche Abgaben - © Wikipedia.org; **Seite 22:** © Erica Guilane-Nachez - AdobeStock.com; **Seite 23:** © bestfoto95 - AdobeStock.com; © bestfoto95 - AdobeStock.com; Artur Bociarski - AdobeStock.com; mojolo - AdobeStock.com; CeHa - AdobeStock.com; jorisvo - AdobeStock.com; acrogame (2x) - AdobeStock.com; PhotoFires - AdobeStock.com; **Seite 24:** Mittelalterliche Stadt Minden, Stadt Minden - © Wikipedia.org; **Seite 25:** © fbirr - AdobeStock.com; **Seite 26:** © arcogame - AdobeStock.com; **Seite 27:** © Siegbert Brey - AdobeStock.com; **Seite 29:** Wartburg Burgplan, Metilsteiner - © Wikipedia.org; Bergfried der Wartburg, LarsKimpel - © Wikipedia.org; **Seite 30:** Leiden I Maccabees - © Wikipedia.org; **Seite 31:** © Christos Georghiou; **Seite 36:** Codex Manesse Schulmeister von Esslingen - © Wikipedia.org; **Seite 37:** Morphart - © AdobeStock.com; **Seite 38:** © Philophoto - AdobeStock.com; © Utirolf - AdobeStock.com; **Seite 39:** Pferdearbeitsgeschirr Eichinger - © Wikipedia.org; Wandalbert von Prüm - Juli - © Wikipedia.org; **Seite 40:** © Erica Guilane-Nachez - AdobeStock.com; Hennin Bibliographisches Institut - © Wikipedia.org; **Seite 41:** Hildegard von Bingen - © Wikipedia.org; © laufer - AdobeStock.com; Sainte Elisabeth de Hongrie, Musée de l'Oeuvre Notre-Dame-3 - © Wikipedia.org; DPAG 2007 2628 Elisabeth von Thüringen - © Wikipedia.org; **Seite 42:** Joan of Arc miniature graded - © Wikipedia.org; **Seite 43:** Pieter Bruegel d. Ä. 041 - © Wikipedia.org; **Seite 44:** Hieronymus Bosch-Removing the Rocks from the Head-Detail - © Wikipedia.org; **Seite 45:** Pieter Brueghel the Elder - The Dutch Proverbs - Google Art Project - © Wikipedia.org; **Seite 47:** Steuben - Bataille de Poitiers - © Wikipedia.org; Donareiche2 - © Wikipedia.org; **Seite 48:** St Boniface - Baptising-Martyrdom - Sacramentary of Fulda - 11Century - © Wikipedia.org; © Erica Guilane-Nachez - AdobeStock.com; **Seite 49:** © Erica Guilane-Nachez (5x) - AdobeStock.com; © Hein Nouwens (2x) - AdobeStock.com; © Morphart (2x) - AdobeStock.com; © Lunstream - AdobeStock.com; © lynea - AdobeStock.com; © acrogame - AdobeStock.com; © cranidi - AdobeStock.com; **Seite 50:** Peraldus Knight - © Wikipedia.org; Hugo v cluny heinrich-iv mathilde-v-tuszien cod-vat-lat-4922 1115ad - © Wikipedia.org; **Seite 51:** Germany Karl IV Goldene Bulle erteilend - © Wikipedia.org; Bäcker P710025 Joachim Müllerchen - © Wikipedia.org; Zunftwappen-Schneider chris - © Wikipedia.org; Zz Glaser P1010007a retouched Joachim Müllerchen - © Wikipedia.org; **Seite 52:** Kogge stralsund Herrick - © Wikipedia.org; Pest Toggenburgbibel (1411) - © Wikipedia.org; **Seite 54:** Goldene Bulle - Komplettansicht Hauptstaatsarchiv Stuttgart - © Wikipedia.org; **Seite 57:** © Aleksandra Smirnova (2x) - AdobeStock.com; © topvectors - AdobeStock.com; © irena15 - AdobeStock.com; © serge114 - AdobeStock.com; © amarok17wolf - AdobeStock.com; © Pepa Morente - AdobeStock.com; © Alexander Pokusay - AdobeStock.com; © Maren Winter - AdobeStock.com; AMG - Glasperle Wolfgang Sauber - © Wikipedia.org; © janny2 - AdobeStock.com; Karl der Grosse - Pippin von Italien - © Wikipedia.org; © Erica Guilane-Nachez - AdobeStock.com; © milosluz - AdobeStock.com; © tapaton - AdobeStock.com; © Christos Georghiou - AdobeStock.com; © alexlibris - AdobeStock.com; © Luka - AdobeStock.com; © 3drenderings - AdobeStock.com

Inhalt

KOHL VERLAG Lernen mit Erfolg
Wir lernen das Mittelalter näher kennen – Bestell-Nr. 12 337

Inhalt

Vorwort

Liebe Kolleginnen, liebe Kollegen,

das Thema Mittelalter ist „in“, es lebt wieder auf, zumindest in der heutigen Freizeit. Dies zeigen die zahlreichen stattfindenden Mittelalterfeste und -märkte; Restaurants, in denen man essen kann wie im Mittelalter; Mittelaltermusikgruppen (z.B. manche Rockbands); Fernsehsendungen und Kinofilme, die das Mittelalter thematisieren ...

Auch der vorliegende Band befasst sich mit dem Mittelalter. Intentionen des Bandes sind einmal mehr die Vermittlung, Festigung sowie Überprüfung grundlegender Kenntnisse und Erkenntnisse zur genannten Thematik. Bestimmt ist der Band in erster Linie für den Einsatz in der Sekundarstufe I der allgemeinbildenden Schulen.

Die dargebotenen Materialien wurden von mir im Laufe meiner langjährigen Unterrichtstätigkeit als Lehrer erstellt und von Zeit zu Zeit erweitert. Den in diesem Band präsentierten Seiten lassen sich weitere Materialien hinzufügen. Der Band hält vielfältige, unterschiedliche Informations- und Arbeitsblätter sowie Sonstiges bereit. Für die Schüler heißt es zum einen, Textverständnis und Ausdrucksvermögen in der deutschen Sprache zu zeigen. Im Weiteren werden von den Heranwachsenden Beurteilungen und Darstellungen der eigenen Meinung verlangt. Zudem wird von den Schülern bisweilen Kreativität gefordert, wenn es z.B. gilt, die Fortsetzung zu einer ausgedachten mittelalterlichen Geschichte zu schreiben. Schließlich müssen die Schüler in Lernerfolgskontrollen (u.a. Tests) beweisen, was sie gelernt haben.

Wir gehen davon aus, dass Sie als Lehrkraft die dargebotenen Materialien sorgfältig lesen. Für Hinweise auf Fehler im Band und sonstige Verbesserungsvorschläge sei im Voraus gedankt. Viele Erfolge bei der Verwendung der Materialien im Unterricht wünschen Ihnen das Team des Kohl-Verlags und

Friedhelm Heitmann

= Partnerarbeit

1 Was Schülern zum Mittelalter einfällt

KÖNIGE

RITTER

BURGEN

PA **Aufgabe 1**: *Notiert oben weitere Wörter, die euch zum Thema Mittelalter einfallen.*

Aufgabe 2: *Was möchtet ihr über das Mittelalter wissen? Schreibt anschließend eure Fragen auf.*

Wir lernen das Mittelalter näher kennen – Bestell-Nr. 12 337
KOHL VERLAG

2 Vorgeschichte des Mittelalters

Das Römische Reich bestand lange Zeit im Mittelmeerraum und anderen angrenzenden Gebieten, es war u.a. kulturell führend. Im Jahr 391 n. Chr. wurde das Christentum, das fast 300 Jahre unterdrückt und verfolgt worden war, im Römischen Reich zur Staatsreligion erhoben. Vier Jahre später (395 n. Chr.) kam es zur Teilung des Römischen Reiches in das Weströmische Reich (Hauptstadt: Rom) und das Oströmische Reich (Hauptstadt: Konstantinopel). Das Oströmische Reich wurde später als Byzantinisches Reich bezeichnet. Es bestand bis zum Jahr 1453 n. Chr., denn dann wurde Konstantinopel (= Byzanz) durch die Türken erobert. Das Weströmische Reich ging in der Zeit der Völkerwanderung aufgrund innerer Probleme (Regierungsschwächen, Verschwendung, Verfall der Sitten …) und durch vordringende Völker (insbesondere germanische) unter; 476 n. Chr. endete es. In jenem Jahr setzte der germanische Heerführer Odoakar den letzten weströmischen Kaiser ab.

Die Völkerwanderung (im engeren Sinne) war um 375 n. Chr. durch den Einfall des asiatischen Reitervolkes (der) Hunnen ausgelöst worden. Die Hunnen wurden schließlich 451 n. Chr. von weströmischen Truppen (verbündet mit Soldaten der Westgoten, Burgunder und Franken) in der Schlacht auf den Katalaunischen Feldern[1] zurückgeschlagen. Doch dies konnte den Untergang des Weströmischen Reiches nicht verhindern. Die Völkerwanderung setzte sich zumindest bis ins 6. Jahrhundert fort. Durch Germanen, Kelten, Slawen und andere Völker erfolgten die einzelnen Wanderungen. Dabei drangen germanische Völker/Stämme vor allem in den Mittelmeerraum sowie nach Westeuropa vor.

Aufgabe: *Schreibe in eigenen Sätzen auf, was du nun zur Vorgeschichte des Mittelalters sagen kannst.*

___

___

___

___

___

___

___

[1] Katalaunische Felder: gelegen in der französischen Landschaft Champagne bei Troyes

3 Das Mittelalter (Einführung)

Das Mittelalter bildet den Hauptabschnitt der Geschichte zwischen den beiden Hauptabschnitten Altertum und Neuzeit.

Herkömmlich wird das Mittelalter auf den Zeitraum von ca. 500 n. Chr. bis ca. 1500 n. Chr. datiert. So manche sehen die Zeit nach dem Ende des Weströmischen Reiches (476) als Beginn des Mittelalters. Als Ende des Mittelalters werden oft die beiden Ereignisse Entdeckung Amerikas durch Kolumbus (1492) sowie der Beginn der Reformation durch Luther (1517) hingestellt. Andere Historiker sehen das Ende des Mittelalters bereits um etwa 1450. Als zwei wesentliche Ereignisse dafür werden die Erfindung des Buchdrucks durch Gutenberg (ungefähr 1450) und die Eroberung Konstantinopels durch die Türken (1453) angeführt. Insgesamt umfasst das Mittelalter eine Zeit von ca. 1 000 Jahren.

Einige betrachten den Zeitraum 1450-1500 als Übergangszeit vom Mittelalter zur Neuzeit.

Der Begriff Mittelalter wurde von italienischen Gelehrten – Humanisten[1] – eingeführt. Sie wollten mit diesem Begriff ausdrücken: Das dunkle Mittelalter, gekennzeichnet u.a. durch Unterdrückung, Kriege, Seuchen, ... sei zu Ende gegangen. Nunmehr habe ein neues, helles Zeitalter (= Neuzeit) angefangen.

Aufgabe: *Ergänze die folgenden Sätze.*

a) Das Mittelalter ist der Hauptabschnitt der Geschichte zwischen:

____

b) Dieses Ereignis wird von manchen Historikern als Beginn des Mittelalters genannt:

____

c) Als Ende des Mittelalters werden häufig die beiden Ereignisse angeführt:

____

____

d) Andere Wissenschaftler nennen als Ende des Mittelalters schon die zwei Ereignisse:

____

____

e) Das Mittelalter dauerte etwa so viele Jahre: ______________

f) Sie gebrauchten den Begriff Mittelalter erstmals:

____

g) Das Mittelalter hatte den Ruf ______________________

____

h) Humanisten kann man – kurz ausgedrückt – bezeichnen als:

____

[1] Humanisten: Menschenfreunde, Wohltäter der Menschlichkeit; humanus (lat.) = menschenfreundlich

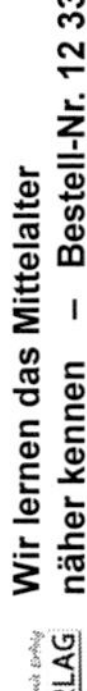

4 Die drei Zeitabschnitte des Mittelalters (Blatt 1)

Das Mittelalter wird in der Regel in drei Zeitabschnitte (= Epochen) unterteilt, nämlich Frühes Mittelalter, Hohes Mittelalter und Spätes Mittelalter. Das Späte Mittelalter wird manchmal auch als „Herbst des Mittelalters" bezeichnet.

Die drei Zeitabschnitte des Mittelalters lassen sich zeitlich im Grunde nicht exakt voneinander abgrenzen. Dazwischen bestanden Übergangszeiten. Es gibt keine allgemein anerkannte zeitliche Abgrenzung der drei genannten Zeitepochen. Manche Historiker unterteilen das Mittelalter so:

Frühes Mittelalter: ca. 500 n. Chr. - ca. 1000 n. Chr.
Hohes Mittelalter: ca. 1000 n. Chr. - ca. 1250 n. Chr.
Spätes Mittelalter: ca. 1250 n. Chr. - ca. 1450/1500 n. Chr.

Wir orientieren uns (anschließend) an dieser zeitlichen Differenzierung, denn sie erscheint sinnvoll.

Frühes Mittelalter (ca. 500 n. Chr. - 1000 n. Chr.) 10 Ereignisse chronologisch:

- ca. 498/499: Annahme des christlichen (römisch-katholischen) Glaubens durch den fränkischen König Chlodwig I.;
- 529: Aufstellen der Benediktiner-Regel(n) durch Benedikt von Nursia, Beginn des Klosterlebens;
- 622: Flucht Mohammeds von Mekka nach Yathrib (= späteres Medina), Beginn der islamischen Zeitrechnung;
- 732: Zurückschlagung des Vordringens der Araber durch fränkische Truppen und Verbündete bei Tours und Poitiers (= im Raum Frankreich);
- 754: Schenkung (von Gebieten in Italien) des fränkischen Königs Pippin III. an den Papst (= Basis des Kirchenstaates);
- 800: Kaiserkrönung des fränkischen Königs Karl I. (= der Große) in Rom durch den Papst;
- 843: Aufteilung des Fränkischen Reiches im Vertrag von Verdun;
- 919: Wahl des sächsischen Herzogs Heinrich I. zum König des Ostfränkischen Reiches, das später zum „Reich der Deutschen" wurde;
- 962: Kaiserkrönung des ostfränkischen Königs Otto I. in Rom durch den Papst;
- ca. 985-1000: Wikinger entdecken Nordamerika; vorübergehende Ansiedlung an der Küste.

Hohes Mittelalter (ca. 1000 n. Chr. - 1250 n. Chr.) 10 Ereignisse chronologisch:

- 1054: Trennung der griechisch-orthodoxen von der römisch-katholischen Kirche;
- 1066: Eroberung Englands durch die Normannen;
- 1076: Der deutsche König und spätere Kaiser Heinrich IV. und der Papst Gregor VII. erklärten sich gegenseitig für abgesetzt.
- 1096-1099: Erster Kreuzzug nach Palästina;
- 1119: Gründung der ersten europäischen Universität in Bologna[1]
- 1122: Ende des Machtstreits zwischen dem Papst(tum) und dem deutschen König(tum) → Wormser Konkordat;
- 1190: Gründung des Deutschritterordens auf dem 3. Kreuzzug bei Belagerung von Akkon;
- 1215: Der englische Adel und die Geistlichkeit erzwangen gesetzlich politische Rechte vom englischen König (Magna Charta).
- 1216/1223: Entstehung der Bettelorden Dominikaner und Franziskaner;
- ca. 1230: Fertigstellung des Rechtsbuches „Sachsenspiegel" durch Eike von Repgow.

[1] Lokale Historiker nennen als Gründungsjahr 1088.

Die drei Zeitabschnitte des Mittelalters (Blatt 2)

Spätes Mittelalter (ca. 1250 n. Chr. - ca. 1450 n. Chr.) 10 Ereignisse chronologisch:

- 1254-1273: Machtlose Könige im deutschen Reich (Interregnum);
- 1291: Abzug der letzten Kreuzfahrer aus Palästina;
- 1337-1453: Hundertjähriger Krieg zw. England und Frankreich;
- ca. 1347-1352: Große Pest in Europa;
- 1348: Gründung der ersten mitteleuropäischen Universität in Prag;
- 1356: Goldene Bulle ~ „Deutsches Grundgesetz", u.a. Regelung der Königswahl durch sieben Kurfürsten;
- 1370: Frieden von Stralsund, Höhepunkt der Hanse nach dem Sieg über Dänemark;

Schlacht bei Tannenberg

- 1378-1417: Zwei Päpste, einer in Rom, der andere in Avignon;
- 1410: Niederlage des deutschen Ritterordens gegen polnische und litauische Truppen bei Tannenberg;
- 1414-1418: Konzil von Konstanz, dort 1415 Verbrennung des böhmischen Reformators J. Hus, 1416 Verbrennung des Mitstreiters Hieronymus von Prag jeweils auf dem Scheiterhaufen, 1419-1436 Hussitenkriege.

Aufgabe 1: *Suche dir einen der drei Zeitabschnitte des Mittelalters (S.8-9) aus. Verfasse mit Hilfe der stichwortartigen Angaben dazu einen eigenen, möglichst zusammenhängenden Text in vollständigen Sätzen.*

KOHL VERLAG Wir lernen das Mittelalter näher kennen – Bestell-Nr. 12 337

4 Die drei Zeitabschnitte des Mittelalters (Blatt 3)

Aufgabe 2: *Erstelle an Hand der auf den Seiten 8-9 in chronologischer Reihenfolge genannten Ereignisse eine Zeitleiste zum Mittelalter, in der die deiner Meinung nach wichtigsten Ereignisse vorkommen.*

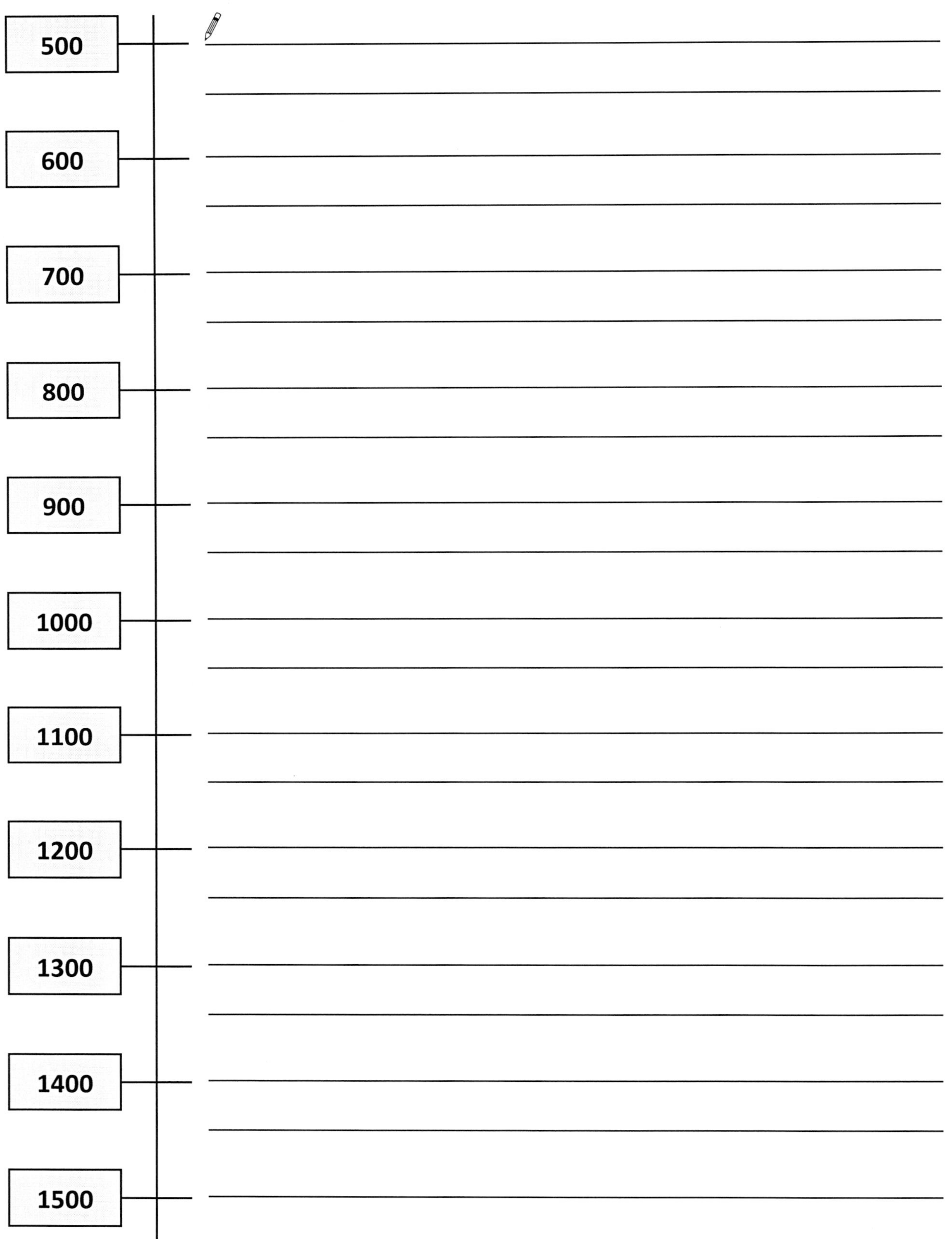

5 Die Christianisierung

Eroberung Jerusalems

Vor allem im Frühen und Späten Mittelalter breitete sich das Christentum in weiten Teilen Europas aus, d.h. immer mehr Menschen wurden Christen. Die Verbreitung des Christentums erfolgte einerseits friedlich durch Missionare wie z.B. Bonifatius (680-754), der aber selbst bei seiner Tätigkeit von Heiden (in diesem Fall von Friesen) getötet wurde. Demgegenüber sorgten aber auch Herrscher (z.B. Karl der Große, 747-814) mit Waffengewalt dafür, dass Andersgläubige (z.B. Sachsen) notgedrungen den christlichen Glauben annahmen.

Aufgrund von Differenzen spaltete sich im Jahr 1054 die griechisch-orthodoxe Kirche von der römisch-katholischen Kirche ab (= „Morgenländisches Schisma[1]“). Zahlreiche Päpste als jeweilige Oberhäupter der römisch-katholischen Kirche strebten ebenfalls nach weltlicher Macht. So kam es zu Auseinandersetzungen zwischen dem Papst Gregor VII. und dem deutschen Herrscher Heinrich IV. (Investiturstreit[2]). Rechtlich ging es darum, wer die Bischöfe und Äbte in ihr Amt einsetzt. Der Papst Gregor VII. und Heinrich IV. setzten sich gegenseitig ab. Im Jahr 1077 zog Heinrich IV. nach Canossa in Italien und unterwarf sich dem Papst Gregor VII., um von dessen Bann befreit zu werden. Erst 1122 kam es durch das Wormser Konkordat[3] zu einer Einigung zwischen dem damaligen Papst Calixtus II. und dem Kaiser Heinrich V. Vereinbart wurde ganz kurz gesagt: Der Papst hatte geistliche Ämter zu vergeben, der König/Kaiser weltliche Ämter.

Aufgrund eines Aufrufes durch den Papst Urban II. erfolgte von 1096-1099 der 1. Kreuzzug[4], um das heilige Land Palästina von den „Ungläubigen“ (= Muslimen) zu befreien. Weitere Kreuzzüge folgten im 12. und 13. Jahrhundert. Schließlich sahen sich die Kreuzzügler kurz vor Ende des 13. Jahrhunderts aufgrund der Übermacht der Muslime dazu gezwungen, sich ganz aus Palästina zurückzuziehen.

Aber in den weitaus meisten Gebieten Europas hatte sich das Christentum im Mittelalter durchgesetzt. Die römisch-katholische bzw. griechisch-orthodoxe Kirche bestimmte(n) mit ihrer jeweiligen Lehre autoritär das Leben der Menschen. Auf der Pyrenäenhalbinsel (= Iberische Halbinsel) allerdings herrschten seit dem 8. Jahrhundert die Mauren, die sich nicht zum Christentum, sondern zum Islam bekannten.

Aufgabe: *Überlege dir 6 Fragen zum vorangehenden Text und notiere sie auf einem Extrablatt. Überreiche danach diese Seite einem anderen Schüler zur schriftlichen Beantwortung deiner Fragen. Du erhältst von diesem Schüler die Seite mit dessen Fragen, die du schriftlich zu beantworten hast.*

PA

[1] schisma (griech.) = Spaltung
[2] investituere (lat.) = einsetzen, einweisen
[3] concordare (lat.) = übereinstimmen
[4] Offiziell wurden die Kreuzzüge damals als iter (= Reise) oder peregrinatio (= Wallfahrt) bezeichnet. Näheres zu den Kreuzzügen siehe: Friedhelm Heitmann: Die Kreuzzüge; Kerpen (Kohl-Verlag) 2017

KOHL VERLAG Wir lernen das Mittelalter näher kennen – Bestell-Nr. 12 337

6 Die Macht der römisch-katholischen Kirche

Das sich im Mittelalter in Europa ausbreitende Christentum hatte großen Einfluss auf das Leben der damaligen Menschen. In den meisten europäischen Gebieten – so auch in Mitteleuropa – war es die römisch-katholische Kirche, die das Leben der frommen Menschen wesentlich bestimmte. Das, was die römisch-katholische Kirche lehrte, wurde von der Bevölkerung in der Regel als richtig akzeptiert und befolgt. Die römisch-katholische Kirche ging aus vom und hielt fest am geozentrischen Weltbild, wonach die Erde der Mittelpunkt sei, nicht die Sonne. Bis über das Mittelalter hinaus lehnte die römisch-katholische Kirche das heliozentrische Weltbild ab, das den Tatsachen entsprechend die Sonne als Mittelpunkt unseres Sonnensystems betrachtet. Bestehende Gesellschaftsordnungen im Mittelalter mit Herrschern (Königen, Fürsten …) an der Spitze sowie unterdrückten Menschen am unteren Ende wurden von der römisch-katholischen Kirche in der Regel nicht in Frage gestellt, sondern als gottgegeben und legitim dargestellt.

Das Oberhaupt der römisch-katholischen Kirche war schon damals der jeweilige Papst, er sah sich als Stellvertreter Gottes auf Erden. Der Papst und auch die anderen hohen Geistlichen (Kardinäle, Bischöfe) der römisch-katholischen Kirche erwarteten von den Gläubigen demütiges, unterwürfiges Verhalten. Den frommen Untertanen wurde von der römisch-katholischen Kirche das ewige Leben nach dem Tod in Aussicht gestellt. Voraussetzungen dafür seien u.a. Gottesfürchtigkeit, Gehorsam und die Akzeptanz der gesellschaftlichen Gegebenheiten auf der Erde. Wer sich nicht daran halte, komme nach dem Tod in die Hölle, nicht in den Himmel.

Die römisch-katholische Kirche bekämpfte Andersgläubige und etwaigen Aberglauben der Menschen. Im Späten Mittelalter begann die Hexenverfolgung, woran die römisch-katholische Kirche beteiligt war. Christen, die eine vom Katholizismus abweichende Lehre vertraten oder sogar daran festhielten, wurden von der römisch-katholischen Kirche unerbittlich verfolgt. So wurden auf dem Konzil von Konstanz (1414-1418) der böhmische Reformator J. Hus sowie sein Mitstreiter Hieronymus von Prag zum Tode verurteilt und auf dem Scheiterhaufen verbrannt. J. Hus hatte u.a. den umfassenden Machtanspruch und Besitz der römisch-katholischen Kirche abgelehnt, auch das Zölibat[1]. Er war auch für Gewissensfreiheit eingetreten und hatte eine tschechische Nationalkirche gefordert.

Aufgabe 1: *Beschreibe kurz in eigenen Sätzen die Macht der römisch-kath. Kirche.*

___

___

___

___

Aufgabe 2: *Welche Meinung hast du zur Macht der römisch-katholischen Kirche?*

___

___

___

[1] Zölibat = Ehelosigkeit; caelibatus (lat.) = Ehelosigkeit

7 Der Islam

Aufgabe 1: *Setze die folgenden 10 Wörter an die richtigen Stellen.*

Flucht – Franken – gewaltsam – Glaubensbewegung – Gott – Halbinsel – Mauren – Mekka – Mohammed – Zeitrechnung

a) In der ersten Hälfte des 7. Jahrhunderts entstand auf der großen arabischen ______________________ die jüngste Weltreligion, der Islam.

b) Begründer des Islams war ______________________ (um 570 – 632).

c) Der Beginn der islamischen ______________________ war und ist das Jahr 632.

d) In diesem Jahr wanderte Mohammed von seiner Geburtsstadt Mekka nach Yathrib (= späteres Medina) aus, andere sprechen von der ______________________ dorthin, um sich vor Gegnern zu retten.

e) Das arabische Wort Islam heißt in der deutschen Sprache so viel wie „Hingabe, Aufopferung für ______________________".

f) Mohammed kehrte 630 mit seinen Anhängern zurück nach ______________________.

g) Nach dem Tod Mohammeds verbreitete sich der Islam als ______________________ im 7. Jahrhundert sehr rasch in Vorderasien und Nordafrika.

h) Die Verbreitung des Islams erfolgte in manchen Gebieten friedlich, in anderen Gegenden aber ______________________.

i) Durch die ______________________ wurde die Pyrenäenhalbinsel (= Iberische Halbinsel) im 8. Jahrhundert islamisch, das Königreich Granada blieb es sogar bis 1492.

j) Die Festsetzung des Islams im Raum Frankreich wurde im 8. Jahrhundert durch Truppen der ______________________ verhindert.

Aufgabe 2: *Ergänze, was du sonst noch über den Islam weißt.*

____

____

____

____

____

____

____

____

KOHL VERLAG Wir lernen das Mittelalter näher kennen – Bestell-Nr. 12 337

8 Das Fränkische Reich

Aufgabe 1: *Ordne die folgenden Sätze chronologisch durch Verwendung der Zahlen von 1 bis 10.*

	Die Karolinger waren zuvor hohe Staatsbeamte (= Hausmeier) im Fränkischen Reich gewesen.
	Chlodwig I. dehnte die Größe des Fränkischen Reiches hauptsächlich nach Westen und Süden aus, er regierte ab 509 von Paris aus.
	Der Karolinger Pippin III. (um 715-768) ließ sich vom Papst salben und schenkte ihm Gebiete Roms und Ravennas.
	Franken siedelten sich u.a. am Niederrhein und Mittelrhein an.
	Diese Gebiete hatte Pippin III. zuvor mit seinen Truppen von den Langobarden erobert.
	Die Franken waren ein großer westgermanischer Volksstamm, der in Teilstämme aufgeteilt war.
	Um 750 übernahm im Fränkischen Reich das Herrschergeschlecht der Karolinger anstelle der Merowinger die Macht.
	Aus der sogenannten Pippinschen Schenkung ging in Mittelitalien später der römisch-katholische Kirchenstaat mit dem Papst als Oberhaupt hervor.
	Unter dem Einfluss seiner sich bereits zum Christentum bekennenden Ehefrau nahm Chlodwig I. den römisch-katholischen Glauben an.
	Aus dem Herrschergeschlecht der Merowinger stammend gründete Chlodwig I. (um 466-511) das Fränkische Reich und machte sich auch durch Anwendung von Gewalt zum König dieses Reiches.

Aufgabe 2: *Schreibe nun alle 10 Sätze in der richtigen Reihenfolge vollständig auf.*

9 Das Fränkische Reich unter Karl dem Großen

Seine größte Macht und Ausdehnung erreichte das Fränkische Reich unter dem Herrscher Karl dem Großen (ca. 747-814), der ein Sohn von Pippin III. war. Der Beiname „der Große" wird mit der Körpergröße und Bedeutung des Herrschers erklärt. Das Fränkische Reich erstreckte sich im Norden von ungefähr Jütland bis Nordspanien und Mittelitalien im Süden. Im Westen dehnte sich das Fränkische Reich vom Golf von Biscaya bis im Osten etwa zur Elbe und nach Bayern aus. Weitere angrenzende Gebiete standen in Abhängigkeit vom Fränkischen Reich.

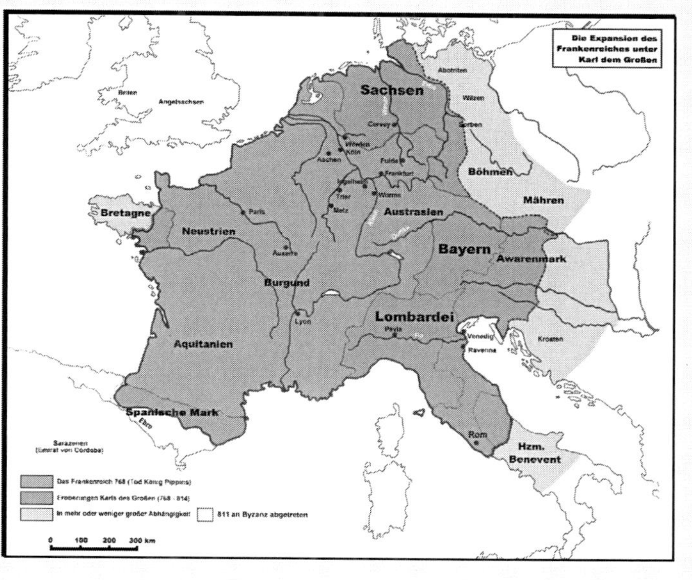

In seinem riesigen Reich besaß Karl der Große viele Stützpunkte, Pfalzen[1] genannt. Diese suchte er auf seinen Reisen auf. Im Jahr 800 ließ sich der großgewachsene Karl der Große in Rom vom Papst zum römischen Kaiser krönen. Karl der Große wie auch zuvor andere fränkische Herrscher sahen sich als Erben zumindest des Weströmischen Reiches. In die Geschichte ging Karl der Große u.a. ein als Förderer der Kultur, Bildung, Kunst, Wirtschaft sowie Initiator einer wirksamen Verwaltung. In etlichen Büchern sowie sonstigen Schriften wurden und werden nur oder überwiegend positive Leistungen des Kaisers genannt. Aber es gilt ebenfalls zu bedenken und zu berücksichtigen: Karl der Große war ein überzeugter und fanatischer Christ, der nicht davor zurückschreckte, Andersgläubige unter Bedrohung mit dem Schwert dazu zu zwingen, den römisch-katholischen Glauben anzunehmen. Zudem war Karl der Große machthungrig, ja machtbesessen. Gegenüber Gegnern zeigte er kein oder wenig Erbarmen. Auf seinen zahlreichen Kriegszügen machte er mit seinen Truppen reichlich Beute, wovon er viel an sich nahm.

Karl der Große starb im Jahr 814. Begraben wurde er in der Kapelle der Pfalz in Aachen (= heute mitten im Aachener Dom). Übrigens: So manche Geschichtsexperten gehen davon aus, dass Karl der Große vermutlich (wohl) lesen konnte, aber zumindest Schwierigkeiten mit dem Schreiben hatte und noch im höheren Alter das Schreiben übte. Dennoch gilt Karl der Große als gebildet und intelligent.

Aufgabe: *Was meinst du zu Karl dem Großen, nachdem du den Text über ihn gelesen hast?*

____

____

____

____

____

____

[1] paladium (lat.) = Palast

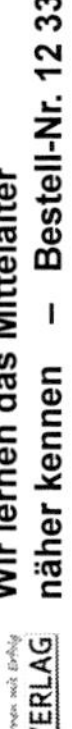

10 Ende und Teilung des großen Fränkischen Reiches

Zwischen den Nachfahren des Kaisers Karl dem Großen wurde das große Fränkische Reich im 9. Jahrhundert aufgeteilt. Im Vertrag von Verdun[1] (843) wurde zwischen den Enkeln Karls des Großen das Fränkische Reich in ein Westliches Fränkisches Reich, in ein Mittleres Fränkisches Reich (= Mittelreich) sowie in ein Östliches Fränkisches Reich getrennt. Der Vertrag von Meerssen[2] (870) legte die Aufteilung des Mittelreiches fest. Der eine Teil davon ging an das Westliche Fränkische Reich, der andere Teil an das Östliche Fränkische Reich. Durch den Vertrag von Ribemont[3] (880) fiel auch der westliche Teil Lothringens an das Ostfränkische Reich.

In etwa zwischen dem Westfränkischen Reich (= Westfrankenreich) und dem Ostfränkischen Reich (= Ostfrankenreich) bildete sich eine nicht sichtbare sprachliche Grenze. Im Westfrankenreich wurde überwiegend Französisch gesprochen, im Ostfrankenreich dagegen hauptsächlich Deutsch. Aus dem Westfrankenreich entstand allmählich Frankreich, aus dem Ostfrankenreich im Laufe der Zeit Deutschland. Von Paris aus begann das Herrschergeschlecht der Kapetinger ab Ende des 10. Jahrhunderts einen französischen Staat aufzubauen. Im Ostfrankenreich übernahm der sächsische Herzog Heinrich I. (um 875-936) im Jahr 911 als König die Herrschaft. Damals soll erst- mals von einem „Reich der Deutschen" (Regnum Teutonicorum) gesprochen worden sein.

Aufgabe: *Was kannst du in eigenen Sätzen zum Ende des großen Fränkischen Reiches sowie weitere Auswirkungen sagen?*

[1] Verdun = heute in Frankreich
[2] Meerssen = heute in den Niederlanden
[3] Ribemont = heute in Frankreich

11 Das Heilige Römische Reich Deutscher Nation (Blatt 1)

Nach dem Tod von Heinrich I. im Jahr 936 wurde sein Sohn Otto I. (912-973) König des Ostfränkischen Reiches. Im Jahr 962 ließ sich Otto I. in Rom vom Papst zum römischen Kaiser krönen. Otto I. wie auch die nachfolgenden Herrscher im Ostfränkischen Reich sahen sich als Erben des nicht mehr bestehenden großen Römischen Reiches und zur Wahrung dessen Tradition verpflichtet. Das sächsische Herrschergeschlecht der Ottonen auf dem Thron des Ostfränkischen Reiches wurde im 11. Jahrhundert durch das Herrschergeschlecht der fränkischen Salier abgelöst. Ein Jahrhundert später folgte das schwäbische Herrschergeschlecht der Staufer auf dem Herrscherthron des Reiches. Nachdem später verschiedene Herrschergeschlechter an der Spitze des Reiches standen, gelangte ab dem Jahr 1438 die Herrschaft für lange Zeit an das Herrschergeschlecht der Habsburger.

Eine Zeit lang wurden die Könige als Herrscher des Ostfränkischen Reiches von den bei der jeweiligen Entscheidung anwesenden Reichsfürsten gewählt. Doch dann wurde das Wahlrecht ab etwa Mitte des 13. Jahrhunderts auf 7 Kurfürsten beschränkt. Dies wurde 1356 in der Goldenen Bulle gesetzlich verankert. Darin wurden Frankfurt/Main als Wahlort der Königswahl und Aachen als Krönungsort festgeschrieben. 1452 fand die letzte Kaiserkrönung eines deutschen Königs in Rom durch den Papst statt. Ab dem 16. Jahrhundert bezeichneten sich deutsche Könige auch als Kaiser, ohne dass sie sich dafür vom Papst krönen ließen. Trotz eines gewählten Herrschers an der Spitze war das Ostfränkische Reich, später Heilige Römische Reich Deutscher Nation nicht in sich gefestigt, es war kein Nationalstaat. Auf Reichstagen, die abwechselnd in verschiedenen Städten stattfanden, trafen sich der gewählte Herrscher, die Kurfürsten, die weiteren Fürsten sowie Vertreter der Städte, um Beschlüsse zu fassen. Im Laufe des Spätmittelalters gewannen zunehmend die Kurfürsten und sonstigen Fürsten an Macht.

Etliche geschichts-, nationalbewusste Deutsche sahen und sehen in der Kaiserkrönung des Königs Otto I. durch den Papst (962) den Beginn des 1. deutschen Reiches, ja sogar Deutschlands. Doch diese Sichtweise ist zu weit hergeholt und nicht korrekt. Man kann (nur) sagen: Aus dem (Ostfränkischen) Reich, in dem Otto I. ab 962 als Kaiser die Herrschaft ausübte, ging erst im Laufe der Zeit das 1. deutsche Reich hervor. Anknüpfend an die römische Antike trug das Reich den Namen „Römisches Reich". Otto I. verstand und bezeichnete sich dementsprechend als römischer Kaiser. Er sowie ebenso seine Untertanen hielten sich nicht für Deutsche und nannten sich sicherlich nicht so. Ein derartiges Bewusstsein existierte damals (noch) nicht.

Für das Jahr 1157 lässt sich die Bezeichnung „Heiliges Römisches Reich" nachweisen. Der Zusatz „Heiliges" sollte ausdrücken, dass dieses bestehende Reich und die Herrschaft darüber von Gott gewollt seien. Im 15. Jahrhundert kam endgültig die Ergänzung „Deutscher Nation" hinzu, sodass insgesamt vom Heiligen Römischen Reich Deutscher Nation gesprochen wurde. Historiker sind der Ansicht, dass sich erst ab etwa dieser Zeit allmählich ein deutsches Nationalbewusstsein entwickelte. Das Heilige Römische Reich Deutscher Nation (= 1. deutsches Reich), das viel größer war als das heutige Deutschland, bestand bis zum Jahr 1806. In jenem Jahr löste sich dieses Reich auf Drängen des französischen Herrschers Napoleon I. auf.

11 Das Heilige Römische Reich Deutscher Nation (Blatt 2)

Neun – sechs – zwo
Kaiser wurde Otto.

Aufgabe 1: *Manche Personen betrachten 962 als Entstehungsjahr Deutschlands, zumindest des 1. deutschen Reiches. Was meinst du dazu? Begründe.*

____

____

____

____

____

____

Aufgabe 2: *Ergänzt das Schaubild: Von der Entstehung des Fränkischen Reiches bis zum Heiligen Römischen Reich Deutscher Nation.*

PA

________________ des Fränkischen Reiches (um _______ n. Chr.)

Anschließend ______________________ im Jahr 843 in …

____________ ____________	____________ Später im Jahr ________ Aufteilung ...	____________ ____________

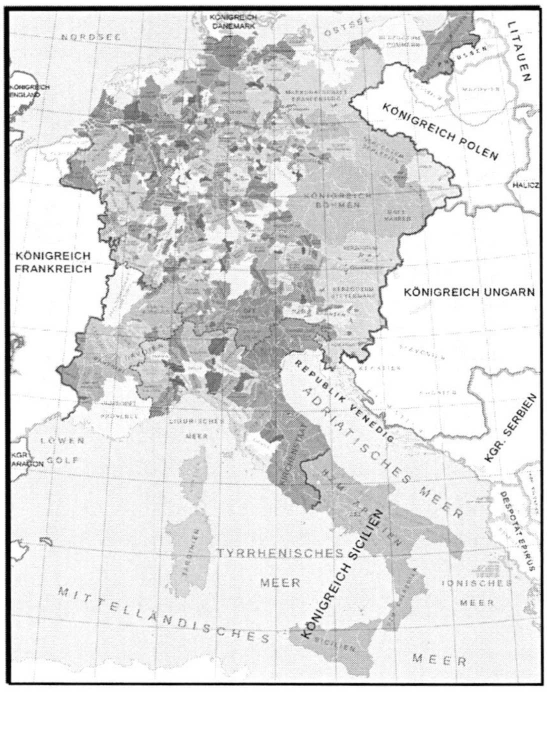

Daraus wurde später

____________.

Ab 1157 findet man die Bezeichnung

____

____________.

Seit dem 15. Jh. nennt man es endgültig

____

____

____________.

Test I Was kannst du sagen über ...?

1. die Vorgeschichte des Mittelalters

2. den Begriff Mittelalter und die zeitliche Begrenzung

3. die Zeitabschnitte des Mittelalters

4. die Christianisierung

5. die Macht der römisch-katholischen Kirche

6. den Islam

7. die Entstehung des Fränkischen Reiches

8. das Fränkische Reich unter Karl dem Großen

9. das Ende des großen Fränkischen Reiches und weitere Auswirkungen

10. das Heilige Römische Reich Deutscher Nation

KOHL VERLAG Wir lernen das Mittelalter näher kennen – Bestell-Nr. 12 337

12 Die Bevölkerungsentwicklung

Im Mittelalter lebten auf der Erde sehr viel weniger Menschen als heute. Folglich waren Gebiete, wenn dort überhaupt Menschen wohnten, (sehr) dünn besiedelt, zumindest im Vergleich zur heutigen Zeit. Abgesehen vom unmittelbaren Mittelmeerraum waren weite Teile Europas Naturräume im Frühen Mittelalter oft mit ganz vielen Wäldern. Die weitaus meisten Menschen wohnten im Mittelalter auf dem Lande.

Begräbnis von Opfern der Pest

Nach Schätzungen waren in Europa um das Jahr 500 etwa 27 Millionen Menschen ansässig. Um das Jahr 1000 sollen es ca. 40 Millionen Menschen gewesen sein, vor Mitte des 14. Jahrhunderts rund 75 Millionen Menschen. Danach ging die Bevölkerungszahl im späten Mittelalter in Europa erheblich zurück. Gründe dafür waren vor allem die wütenden Seuchen (vor allem die große Pest um 1350) sowie Hungersnöte. Im Frühen Mittelalter lebten die meisten europäischen Menschen in Süd- und Westeuropa, in späterer Zeit des Mittelalters in West- und Mitteleuropa.

Im Jahr	lebten etwa so viele Millionen Menschen in Deutschland						
650	2						
1000		4					
1200				8			
1340							14
1470					10		

Aufgabe: *Was merkst du dir über die Bevölkerungsentwicklung im Mittelalter? Formuliere eigene, kurze Sätze.*

13 Die Gesellschaftsordnung

Im Mittelalter gab es eine starre Gesellschaftsordnung. Ganz oben in der Gesellschaftsordnung stand der König bzw. Kaiser. Darunter folgten die hohen Geistlichen (Kardinäle, Bischöfe) und die hohen Adligen (Fürsten, Herzöge …), anschließend niedrige Adlige … Ganz unten in der Gesellschaftsordnung befanden sich die unfreien, abhängigen Bauern, Hörige, Leibeigene, Bettler. Diese Gesellschaftsordnung wurde von weltlichen und geistlichen Herrschern als von Gott gewollt hingestellt.

Im Frühen Mittelalter entstand ausgehend vom Fränkischen Reich das Lehnswesen und verbreitete sich im Mittelalter. Das Lehnswesen wird auch als Feudalsystem[1] bezeichnet, Das Wort „*Leh(e)n*" bedeutet so viel wie „leihen". Der König bzw. Kaiser (ver)lieh Land und eventuell u.a. Ämter an die oberen Vasallen[2] (= Kronvasallen); das waren Bischöfe, Fürsten …

Die oberen Vasallen mussten dem Herrscher Treue und Gefolgschaft versprechen. Dafür sicherte ihnen der Herrscher Schutz und Treue zu. Zu denselben oder ähnlichen Bedingungen vergaben die Vasallen Land und möglicherweise Ämter an sogenannte Untervasallen (Grafen, Ritter, Äbte …). Die Bewirtschaftung der Ländereien übertrugen die Untervasallen oft unfreien, abhängigen Bauern. Diese Bauern mussten in der Landwirtschaft nicht nur schwer arbeiten, sondern auch Abgaben an die ihnen vorgesetzten Herren leisten und sich für Kriege als Soldaten bereithalten. Die Vergabe von Lehen erfolgte zunächst nur auf Lebenszeit. Im weiteren Verlauf des Mittelalters wurden Lehen zunehmend vererbt.

Aufgabe 1: *Ergänze die Lehnspyramide.*

Aufgabe 2: *Gib einen Kommentar zu der beschriebenen Gesellschaftsordnung ab.*

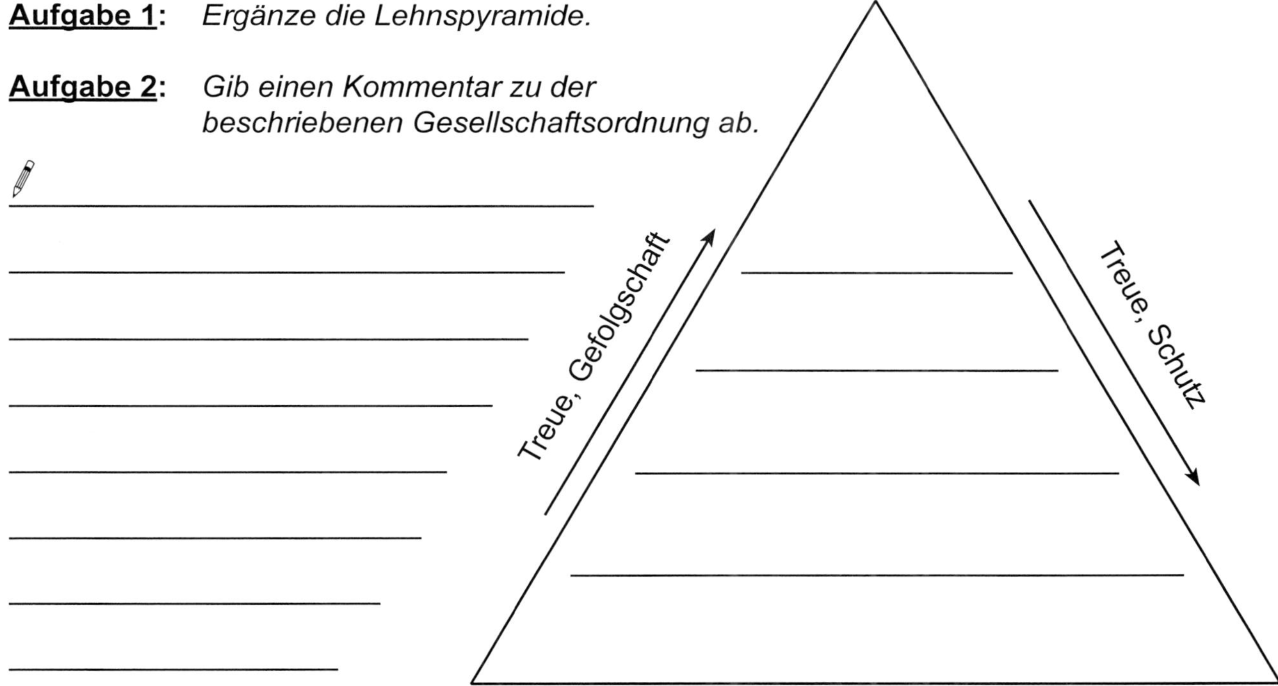

[1] feudum (lat.) = Lehen
[2] vasallus (lat.) = Lehnsmann, Gefolgsmann

14 Auf dem Lande

Aufgabe: *Setze die Wörter im Kasten an die richtigen Stellen im folgenden Text.*

Pest – besiedelte – Landwirtschaft – Wintergetreide – Stroh – brach – östlich – Erträge – Zäune – Hohen – Regeneration – Dreifelderwirtschaft – Holz – Einzelhöfen

Die allermeisten Menschen in Europa lebten im Mittelalter auf dem Lande. Entweder wohnten sie in Dörfern, noch kleineren Siedlungen (= Weiler) oder auf abseits gelegenen ____________________. Die Siedlungen lagen häufig in der Nähe von Flussläufen (= Bäche, Flüsse), denn Wasser wurde benötigt. Verglichen mit heute waren die Dörfer klein, besaßen oft weniger als 100 Einwohner. Fast alle Menschen auf dem Lande arbeiteten als Bauern. Die Häuser bestanden in der Regel aus ____________________ und Lehm, die Dächer aus ____________________. Glasfenster hatten die Häuser nicht. Die Fenster waren offen oder mit Brettern verschlossen. ____________________ und Gärten umgaben die Häuser. Die Siedlungen waren von Feldern, Wiesen und Wäldern umgeben.

Im Frühen Mittelalter blieben bäuerliche Siedlungen des Öfteren nicht lange an derselben Stelle, sondern wurden verlegt, wenn der Boden in der Umgebung nicht mehr genügend landwirtschaftliche ____________________ erbrachte. In Mitteleuropa entstanden im Hohen Mittelalter durch die wachsende Bevölkerung mehr und mehr Dörfer sowie sonstige Siedlungen. Auch wurden die Siedlungen weniger oder gar nicht mehr verlegt, u.a. auf Grund der höheren landwirtschaftlichen Erträge – bedingt durch ein wärmeres Klima und bessere Anbaumethoden wie die ____________________. Dabei lag im Wechsel zur ____________________ (= Erholung) ein Drittel der Ackerflächen ____________________ (= unbebaut), auf einem Drittel wurde Sommergetreide angebaut, auf einem Drittel ____________________. Bisherige Naturflächen wurden gerodet, um (mehr) Platz für Häuser, Gärten und Felder zu bekommen.

Gegen Ende des ____________________ Mittelalters begann in Mitteleuropa die Ostkolonisation und setzte sich im Späten Mittelalter fort. Gebiete ____________________ von der Elbe und der Saale wurden mit Hilfe von Rittern (dichter) besiedelt.

Die Jahreszeiten bestimmten das Leben auf dem Lande ganz besonders. Die Bauernfamilien standen morgens auf, wenn es draußen hell geworden war, um tagsüber für ihren Lebensunterhalt durch die ____________________ zu arbeiten. Wenn es abends dunkel geworden war, gingen die Leute zu Bett.

Im Späten Mittelalter kam es auch auf dem Lande besonders durch Seuchen wie z.B. die große ____________________ (= „Schwarzer Tod") zu relativ vielen verlassenen Flächen (= Wüstungen). Die Bewohner etlicher Siedlungen starben oder verließen vorzeitig ihren bisherigen Wohnsitz, sodass die Siedlungen verfielen und zu Wüstungen wurden. Nur manche Wüstungen ____________________ man später wieder.

15 Städte (Blatt 1)

Im Frühen Mittelalter gab es im Westen und Süden Mitteleuropas Städte als Reste römischer Gründungen wie z.B. Köln, Trier, Koblenz, Mainz, Worms, Augsburg, Regensburg. Nach dem Abzug der Römer hatten die Städte an Bedeutung verloren, manche verfielen im Frühen Mittelalter. Erst im Hohen Mittelalter (ab ca. 1100) kam es im deutschen Raum vermehrt zur Gründung von weiteren Städten.

Aus einigen ehemaligen Dörfern wurden später Städte. Weltliche und geistliche Herrscher verliehen den Städten Rechte wie u.a. das Marktrecht, Münzrecht, Zollrecht, das Recht eine Stadtmauer zu bauen. In den einzelnen damaligen Städten wohnten sehr viel weniger Menschen als heute. Die allermeisten Städte besaßen weniger als oder höchstens etwa 1 000 Einwohner. Nur ein paar Städte hatten in Mitteleuropa im Späten Mittelalter über 10 000 Einwohner (= damals Großstädte). Am Ende des Mittelalters war Köln mit ca. 40 000 Einwohnern die bevölkerungsreichste deutsche Stadt. Zu dieser Zeit soll es im deutschen Raum insgesamt ungefähr 3 000 Städte gegeben haben. Zu lesen ist, dass Paris mit rund 200 000 Einwohnern zeitgleich die größte Stadt in Europa war.[1]

Aufgabe 1: *Was gab es gewöhnlich in einer mittelalterlichen Stadt?*

Aufgabe 2: *Sinnvolle Stellen für das Entstehen neuer Städte findest du im Kreuzworträtsel. Manche gesuchte Begriffe sind aus zwei Teilen zusammengesetzt.*

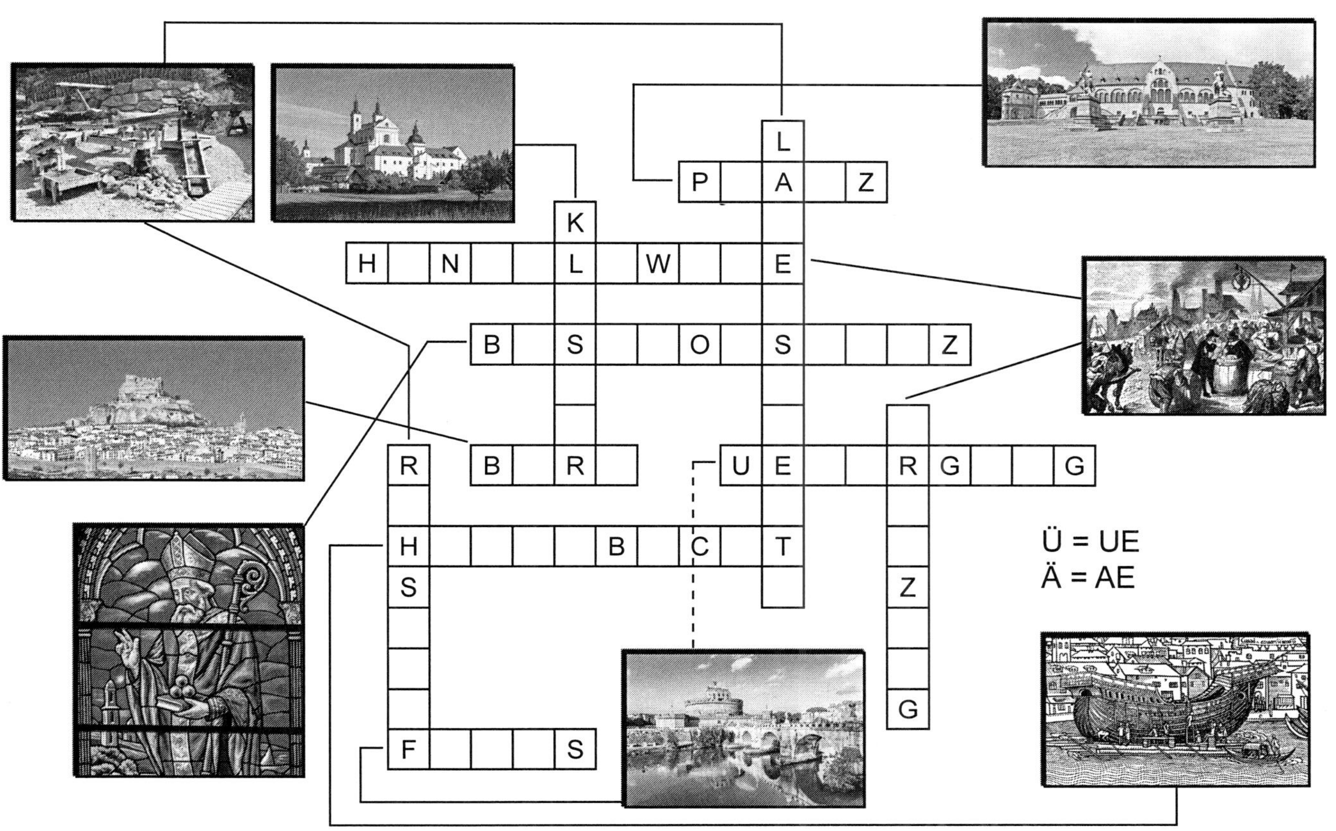

[1] Zum Vergleich: Um das Jahr 1000 sollen in Kambodscha in der Stadt Angkor (= damalige Hauptstadt des Khmer-Reiches) ca. 1 Million Menschen gelebt haben.

Innerhalb der Städte wohnten die Menschen nah beieinander, wenn nicht so gar sehr dicht zusammen. In den Städten gab es keine gepflasterten Straßen, keine Kanalisation, keine Wasserleitungen, allenfalls wenig Beleuchtung in der Nacht. Bei Regen verwandelten sich die Straßen und Wege in tiefen Morast. An Straßen und Wegen befanden sich des Öfteren Misthaufen. Es roch nach Kot und Urin. Die Leute achteten kaum auf Hygiene, sodass sich Seuchen in den Städten sehr rasch verbreiteten.

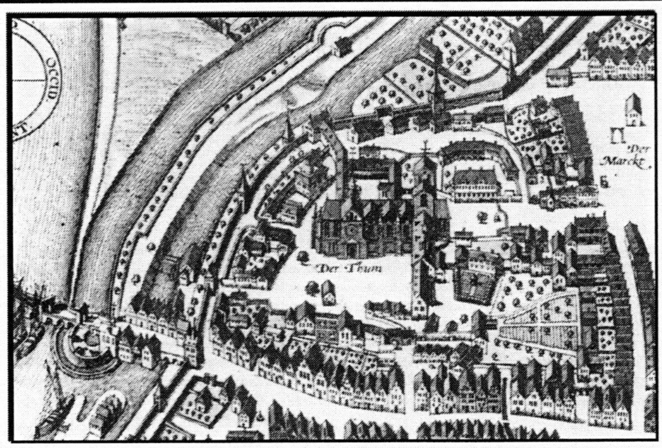

Mittelalterliche Stadt Minden

Auch in den Städten bestand eine mehr oder minder feste Gesellschaftsordnung. An der Spitze standen gewöhnlich wohlhabende Bürger (= Patrizier), oft waren es reiche Kaufleute. Aber es lebten in den Städten auch viele arme Leute, so manche davon hatten keine Wohnung, waren also obdachlos. Bürger der Stadt übten Berufe u.a. im Kaufmannswesen oder im Handwerk aus. Zu den unehrenhaften Berufen gehörten Bader, Abdecker, Henker, Totengräber … Viele mussten sich damit zufriedengeben, z.B. als Knecht, Magd oder Tagelöhner arbeiten zu können.

Unfreie Bauern (Hörige und Leibeigene) versuchten in Städten unterzukommen, um sich von ihren Grundherren befreien zu können. Die jeweiligen Leute waren in den allermeisten Städten frei, wenn der Grundherr nicht innerhalb von einem Jahr und einem Tag seine rechtlichen Ansprüche auf die betreffenden Personen geltend machte. Von daher entstand das Sprichwort: „Stadtluft macht frei!" Menschen, die nicht innerhalb von Städten wohnen durften und sich außerhalb vor den Stadtmauern, vor den städtischen Grenzpfählen ansiedelten, nannte man Pfahlbürger. Abends wurden die Stadttore geschlossen, erst am nächsten Tag bei natürlicher Helligkeit wieder geöffnet. Nachtwächter marschierten während der Nächte durch die Straßen der Städte und hatten für Ruhe und Ordnung zu sorgen.

Aufgabe 3: *Was waren Patrizier?* ______________________________

____

Aufgabe 4: *Was waren Pfahlbürger?* ______________________________

____

Aufgabe 5: *Erkläre, wie das Sprichwort „Stadtluft macht frei" entstand.*

____

____

____

Aufgabe 6: *Wo hättest du im Mittelalter lieber gelebt – in einer Stadt oder auf dem Land? Begründe deine Wahl.*

____

____

____

16 Vor 1 000 Jahren – eine Erzählung

Die ganze Nacht konnte Odo (23 Jahre) nicht schlafen. Unruhig wälzte er sich in seinem Strohbett hin und her. Zusammen mit seiner Frau sowie zwei Kindern wohnte Odo in einer armseligen Kate. Odo gehörte zu den abhängigen Bauern. Er und seine Familie waren Hörige, d.h. sie waren einem Grundherren unterstellt. Für ihn mussten Odo, seine Frau und die beiden Kinder arbeiten. Die Hörigen hatten u.a. Frondienste und Abgaben zu leisten.

Am vorherigen späten Nachmittag war ein Bote des Grundherrn auf einem Pferd zu Odo gekommen. Der Bote hatte die Nachricht überbracht, Odo müsse am folgenden Morgen beim Grundherren erscheinen. Von Unruhe, ja Angst geplagt stand Odo an diesem Tag frühmorgens auf, aß noch ein wenig Haferbrei und verabschiedete sich von seiner Frau. Dann machte er sich zu Fuß auf den Weg zu seinem strengen Grundherren …

Aufgabe: *Überlege dir eine Fortsetzung der Geschichte und schreibe sie auf.*

Wir lernen das Mittelalter näher kennen – Bestell-Nr. 12 337

17 Die Wirtschaft

Nach Schätzungen waren in Mitteleuropa zu Beginn des Mittelalters über 95 % der arbeitenden Bevölkerung in der Landwirtschaft bzw. im Umfeld davon (Fischerei, Holzwirtschaft) tätig. Am Ende des Mittelalters waren es geschätzt immer noch mehr als 80 %. In der Landwirtschaft erfolgten Ackerbau und Viehzucht. Im Frühen Mittelalter wurde die Wirtschaft weitaus überwiegend zur Selbstversorgung betrieben. Handel gab es fast nur als Tauschhandel, d.h. Waren wurden gegen Waren getauscht.

In späterer Zeit gewann mehr und mehr die landwirtschaftliche Produktion zum Verkauf auf Märkten an Bedeutung. Der Handel nahm ab dem Hohen Mittelalter zu, u.a. aufgrund des Bevölkerungswachstums. Ebenfalls der Fernhandel verstärkte und weitete sich räumlich aus. Etliche Kaufleute erzielten vor allem im Späten Mittelalter große finanzielle Gewinne. Kaufleute schlossen sich in Gilden oder Handelskompanien zusammen. Auch das Handwerk spielte ab dem Hohen Mittelalter eine größer werdende Rolle. Handwerker organisierten sich, je nachdem welches Handwerk sie ausübten, in Zünften mit eigenen Zunftzeichen. Im Verlauf des Mittelalters erfolgte auch mehr Bergbau, der als Grundlage für die Herstellung von Eisen, Kupfer, Zinn, Silber … diente.

Während des Mittelalters kam in Europa Geld auf. Die Geldwirtschaft ersetzte allmählich den Tauschhandel, besonders in Städten. Im Hochmittelalter wurden in Europa die ersten Banken gegründet – und zwar in Italien.

Aufgabe: *Beschreibe in Stichwörtern, was sich wirtschaftlich im Verlauf des Mittelalters änderte.*

18 Die mittelalterliche Wikinger-Siedlung *Haithabu*

Seit wahrscheinlich der 2. Hälfte des 8. Jahrhunderts gab es an der langgestreckten Ostseemeeresbucht (= Förde) Schlei die Wikinger[1]-Siedlung Haithabu.

Haithabu wurde ein bedeutender, überregional bekannter Handelsplatz und war es vor allem im 10. Jahrhundert. Der Ort lag verkehrsgünstig für den damaligen Handel zwischen Westen und Osten sowie zwischen Norden und Süden. Von der Ostsee her konnten Waren durch die Schlei, dann auf dem Fluss Treene, anschließend auf dem Fluss Eider zur Nordsee und danach weiter transportiert werden. Außerdem war Haithabu nahe des Nord-Süd-Handelsweges zwischen dem dänischen Viborg und Hamburg (= alter Ochsenweg bzw. Heeresweg) gelegen.

Gehandelt wurde in Haithabu mit Getreide, Fischen, Gewürzen, Bier, Wein, Honig, Wachs, Bernstein, Fellen, Seide, Tonwaren, Glas, Waffen und vielem anderem mehr. Auch Sklavenhandel wurde betrieben. In Haithabu wurden sogar Münzen geprägt. Für die damalige Zeit war Haithabu eine größere Siedlung in Mitteleuropa. In der „Blütezeit“ des Ortes sollen dort etwa 1 000 – 1 500 Menschen gewohnt haben. Haithabu stand abwechselnd unter verschiedener Herrschaft, unter der Herrschaft schwedischer Wikinger, der Dänen, der Franken ...

Ab Beginn des 11. Jahrhunderts verlor Haithabu zunehmend an Bedeutung. Der Ort wurde geplündert, weitgehend zerstört u.a. von Westslawen (1066) und verfiel sodann mehr und mehr. Menschen siedelten sich dort nicht wieder an, sondern auf der anderen Seite der Schlei in Schleswig. Ab Ende des 19. Jahrhunderts begannen Wissenschaftler (Archäologen) mit Ausgrabungen im Raum Haithabu. Diese Ausgrabungen wurden im 20. und 21. Jahrhundert fortgesetzt. Aufgrund der Funde weiß man heutzutage relativ viel über die mittelalterliche Wikinger-Siedlung Haithabu. Wo sich einst diese Siedlung befand, steht heute das Wikinger-Museum Haithabu.

Aufgabe 1: *Notiere, was du allgemein bereits über die Wikinger weißt.*

____

____

____

____

Aufgabe 2: *Wie stellst du dir das Leben in Haithabu und in der Umgebung vor?*

____

____

____

____

[1] Die Wikinger bezeichneten sich nicht selbst so, sondern wurden so genannt. Das Wort Wikinger kommt wahrscheinlich vom altnordischen Substantiv „vikingr“ (= Seekrieger, der sich auf langer Fahrt von der Heimat entfernt).

19 Burgen (Blatt 1)

Typisch für das Mittelalter waren und sind Burgen. Zwar gab es auch bereits im Altertum Burgen (z.B. Kastelle[1]) der Römer. Die allermeisten Burgen wurden aber im Mittelalter gebaut. Burgen sind große befestigte Anlagen, die zum Wohnen und zum Schutz dienten, außerdem zur Demonstration der Herrschaft, Macht sowie des Ansehens.

Im Frühen Mittelalter bestanden Burgen in Mitteleuropa oft aus Holz. Sie waren umgeben von Erdwällen mit befestigten Holzaufbauten. Doch diese Burgen hielten gewöhnlich nicht lange, oft wurden sie schnell zerstört. Ein Beispiel dafür ist die Hammaburg, der Ursprung der Stadt Hamburg. Ab dem Hohen Mittelalter wurden Burgen in der Regel aus Steinen gebaut. Die Wartburg, eine der bekanntesten deutschen Burgen, entstand in der 2. Hälfte des 11. Jahrhunderts. Grob differenziert wird zwischen Höhenburgen (z.B. Gipfelburgen, Hangburgen) und Niederungsburgen (z.B. Wasserburgen, Sumpfburgen) unterschieden.

Die Burgen befanden sich normalerweise im Besitz von Adligen. Den Besitzer einer Burg bezeichnete man als Burgherrn. In den Burgen lebte der Burgherr mit seiner Familie sowie Untergebenen. Manche Untergebenen wohnten außerhalb in unmittelbarer Nähe der Burg. Wenn ein Angriff drohte, eilten diese Untergebenen in die jeweilige Burg, um sich zu schützen und die Burg zu verteidigen.

Ganz viele Burgen gab es im Mittelalter im Gebiet des heutigen Deutschlands. Über 25 000 Burgen sollen sich hier nachweisen lassen[2]. Von den zahlreichen Burgen sind viele in der Gegenwart nicht mehr zu sehen, manche sind zu Ruinen geworden. Andere sind erneuert worden. Gegen Ende des Mittelalters und in der Frühen Neuzeit ging die Bedeutung der Burgen durch den Einsatz von Feuerwaffen[3] (vor allem Kanonen) mehr und mehr zurück. An Burgen erinnern heute in Deutschland noch Städtenamen wie Flensburg, Hamburg, Oldenburg, Madgeburg, Würzburg, Freiburg …

Vom Wort Burg ist das Wort Bürger abgeleitet. Mit dem Begriff Bürger waren früher zunächst die Bewohner und Verteidiger der Burgen gemeint, später die freien, vollberechtigten Stadtbewohner. Einige Redensarten entstanden im Zusammenhang mit Burgen, z.B. „Pech haben“. Im Mittelalter gossen die Verteidiger der Burgen z.B. eine heiße, klebrige Masse (= Pech) von oben auf die Angreifer hinunter.

Aufgabe 1: *Ergänze die folgenden Sätze sinnvoll.*

a) Als Burgen bezeichnet man ____

____

b) Im Frühen Mittelalter wurden Burgen häufig aus ______________ gebaut.

c) Ab dem Hohen Mittelalter wurden Burgen gewöhnlich aus ______________ gebaut.

d) Grob betrachtet werden diese zwei Arten von Burgen unterschieden:

____

e) Die Burgen gehörten gewöhnlich den ______________________

f) In den Burgen wohnten ____

g) Im heutigen Deutschland lassen sich viele, nämlich ______________ Burgen nachweisen.

h) Dadurch verloren Burgen ab dem Späten Mittelalter an Bedeutung:

____

i) Diese deutschen Städtenamen erinnern heute noch an Burgen: ______________

____

j) Dieser Begriff und diese Redewendung entstanden im Zusammenhang mit Burgen:

____

[1] castellum (lat.) = Festung
[2] Am Rhein zwischen Bingen und Bonn soll die größte Verdichtung von Burgen bestanden haben.
[3] Die ersten Feuerwaffen in Europa sollen um 1325 eingesetzt worden sein.

Aufgabe 2: *Verbinde die folgenden 15 Teile einer Burg mit den richtigen Erklärungen. Die Buchstaben ergeben dann rechts eingetragen ein Lösungswort. (Wofür?)*

Zugbrücke	a)
Torhaus	b)
Wehrgang	c)
Pechnase	d)
Zinne	e)
Bergfried	f)
Palas	g)
Kemenate	h)
Zisterne	i)
Kapelle	j)
Zwinger	k)
Verlies	l)
Palisade	m)
Marstall	n)
Gadem	o)

R	Hauptturm der Burg, Wachturm
V	Vorspringender Ausbau der Burgmauer, woraus etwas gegossen werden kann
G	Gefängnis, Kerker
D	Kleine Kirche in der Burg
U	Pfahlzaun
R	Weg auf der Burgmauer zur Verteidigung
N	Gebäude für Pferde und Wagen
I	Wasserspeicher
E	Rechteckige Zacke auf der Burgmauer
T	Hauptgebäude der Burg, Herrenhaus
G	Gästehaus
Z	Bewegbarer Zugang zur Burg
U	Gebäude mit dem Eingang zur Burg
I	Freier Platz zwischen Mauern, wo Angreifer eingekesselt waren
E	Frauenhaus, Gebäude mit einem Kamin

Lösung:	
a)	
b)	
c)	
d)	
e)	
f)	
g)	
h)	
i)	
j)	
k)	
l)	
m)	
n)	
o)	

Die Wartburg über Eisenach[1]

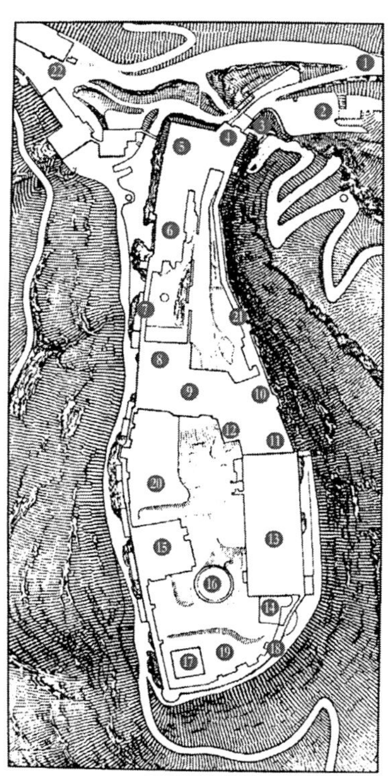

1. Zufahrt
2. Schanze
3. Zugbrücke
4. Torhaus
5. Ritterhaus
6. Vogtei und erster Burghof
7. Margarethengang
8. Dirnitz
9. Inneres Torhaus
10. Neue Kemenate
11. Treppenhaus
12. Bergfried
13. Palas
14. Ritterbad
15. Gadem
16. Zweiter Burghof und Zisterne
17. Südturm
18. Südliche Wehrmauer
19. Küchengarten
20. Kommandantengarten
21. Elisabethengang
22. Hotel auf der Wartburg

20 Die Ritter

Sehr verkürzt gesagt lassen sich die Ritter als Reiterkrieger (= Kämpfer auf Pferden) kennzeichnen. Die Ritter mit ihrer Rüstung trugen als Waffen meistens eine Lanze, ein Schwert und einen Schild. Die Reiterkrieger kämpften für Kaiser, Könige, Fürsten sowie andere Personen und versuchten, sie zu schützen.

Die Glanzzeit der Ritter war im 12. und 13. Jahrhundert. In dieser Zeit waren die Ritter angesehen. Sie wohnten in Burgen oder Ritterhäusern. Auf Ritterturnieren zeigten die Ritter ihr kämpferisches Können und imponierten dabei u.a. manchen Frauen.

Ausbildung der Ritter:
1. Abschnitt: Page (= Edelknabe), ab 7 Jahre;
2. Abschnitt: Knappe, ab 14 Jahre;
3. Abschnitt: Ritter, ab 21 Jahre.

Worte beim Ritterschlag der Knappen:
„Zu Gottes und Marias Ehr'.
Diesen Schlag und keinen mehr.
Sei tapfer, bieder und gerecht.
Besser ein Ritter als ein Knecht."

Ritter waren organisiert in der Ritterschaft. Etliche Ritter zogen in den Kreuzzügen als Kreuzritter nach Palästina. Dort entstanden verschiedene Ritterorden, so im Jahr 1190 der Deutschritterorden (= Deutscher Orden), der zunächst die Aufgabe übernahm, christliche Pilger zu pflegen und zu schützen. Ab dem 13. Jahrhundert ging der Deutschritterorden dazu über, Slawen zu christianisieren.

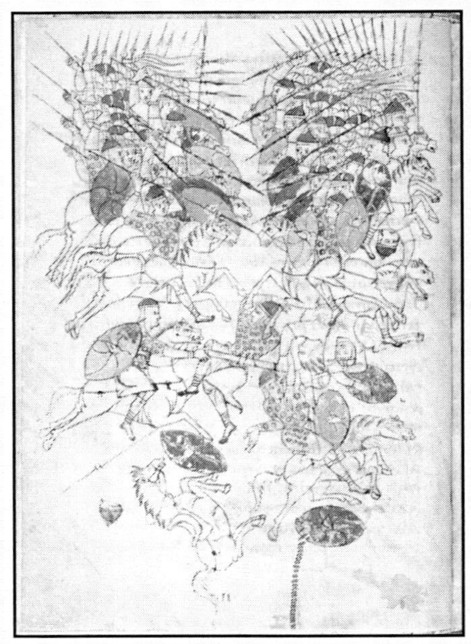

Mit ihrer Rüstung, ihrem Pferd, ihrer Lanze und ihrem Schwert waren die Ritter im Mittelalter lange Zeit den Fußsoldaten überlegen. Doch dann kamen im Spätmittelalter Feuerwaffen auf. Den Feuerwaffen waren die Ritter eindeutig unterlegen. Die Ritter verloren also an Bedeutung. Einige verarmten so. Als Raubritter versetzten manche Ritter Gebiete in Angst und Schrecken. Die Raubritter überfielen z.B. Kaufleute, die mit ihren Waren unterwegs waren.

Aufgabe: *Ergänze den folgenden Text.*

a) Ritter lassen sich kennzeichnen als ______________________________.

b) Die Glanzzeit der Ritter war ______________________________.

c) Die Ritter waren angesehen durch ______________________________.

d) Die drei Abschnitte der Ausbildung zum Ritter sind

______________________________.

e) Ritter waren organisiert in ____________________.

f) Im Jahr 1190 wurde in Palästina ______________________________.

g) Die Ritter waren im Mittelalter lange ____________________ überlegen.

h) Im Spätmittelalter verloren die Ritter an Bedeutung, als

______________________________.

i) Im Späten Mittelalter wurden manche Ritter zu

______________________________.

21 Dein eigenes Ritterwappen entwerfen

<u>Ausgangssituation</u>: Du lebst im Hohen Mittelalter und hast erfolgreich die Ausbildung zum Ritter beendet. Ritter hatten gewöhnlich jeweils zum Erkennen ein Wappen, das auf ihrem Schild zu sehen war. Auf manchen Wappen war ein Wappentier dargestellt.

Aufgabe 1: *Entwirf dein Ritterwappen. Zeichne bzw. male es.*

Aufgabe 2: *Beschreibe und erkläre dein Ritterwappen.*

KOHL VERLAG Wir lernen das Mittelalter näher kennen – Bestell-Nr. 12 337

Test II Was kannst du sagen über ...?

1. die Bevölkerungsentwicklung im Mittelalter

2. die Gesellschaftsordnung im Mittelalter

3. das Leben auf dem Lande im Mittelalter

4. Städte im Mittelalter

5. die Wirtschaft im Mittelalter

6. die mittelalterliche Wikinger-Siedlung Haithabu

7. Burgen

8. Ritter

22 Die Hanse – ein ausgedachtes Interview (Blatt 1)

„Herzlich willkommen, Herr Professor! Schön, dass Sie sich die Zeit genommen haben, für ein Interview zum Thema ***Die Hanse*** zur Verfügung zu stehen."

„Gern folge ich Ihrem Wunsch nach einem Interview zum genannten Thema."

„Lassen Sie uns beginnen! Woher kommt eigentlich das Wort *Hanse*, was bedeutet es?"

„Das Wort *Hanse* kommt aus der germanischen und althochdeutschen Sprache und heißt übersetzt so viel wie (bewaffnete) Gruppe, Schar. Man kann sagen: eine Gruppe, die dieselben oder gleichen Interessen hatte."

„Was war denn die *Hanse* zunächst?"

„Zuerst war eine *Hanse* ein Zusammenschluss von einzelnen Kaufleuten. Es gab verschiedene solcher Hansen im deutschen Raum. Kaufleute taten sich zusammen, um Geschäfte zu machen, aber auch, um sich gegenseitig zu schützen."

„Warum war z.B. gegenseitiger Schutz erforderlich?"

„Die Kaufleute mussten u.a. während ihrer Reisen auf dem Land, ebenfalls auf dem Wasser mit Überfällen (z.B. durch Piraten) rechnen."

„Wie ging die Entwicklung weiter?"

„Es bildete sich eine Vereinigung zunächst hauptsächlich norddeutscher Kaufleute heraus. Sie errichteten auch Niederlassungen (= Kontore) in Städten wie Brügge, London, Bergen, Visby, Nowgorod ... Diese Entwicklung wird als *Kaufmannshanse* bezeichnet."

„Doch dabei blieb es nicht?"

„Im Späten Mittelalter wurde aus der *Kaufmannshanse* ein Städtebund, ein lockerer Zusammenschluss von Städten. Die Städte förderten dadurch wesentlich ihren Handel und erlebten einen wirtschaftlichen Aufschwung, so wurden einige reich."

„Wie viele Städte umfasste denn die Hanse?"

„Zur Hanse gehörten zeitweise über 200 Städte. Es waren Küstenstädte aber auch Binnenstädte, also Städte, die nicht an einem Meer lagen. Führende Städte der Hanse waren Köln, Hamburg und vor allem Lübeck – eine Stadt, die als *Königin* der Hansestädte galt. Im Jahr 1356 trafen sich Vertreter der Hansestädte erstmals zu einem sogenannten *Hansetag*, und zwar in Lübeck."

„Was lässt sich zur Rolle, zur Bedeutung der Hanse im Späten Mittelalter sagen?"

„In dieser Zeit spielte die Hanse eine große Rolle. Die Hanse war mächtig. Sie beherrschte im 14. Jahrhundert den Handel im Nord- und Ostseeraum. Hansekoggen, beladen mit vielen Waren, verkehrten auf den offenen Gewässern Nord- und Westeuropas, wenn nicht sogar noch weiter. Die Hanse besaß damals auch politische Macht. Sie führte erfolgreich Krieg gegen Dänemark. Im Frieden von Stralsund (1370) musste der dänische König Vorrechte der Hanse im südschwedischen Raum anerkennen."

„Ab wann kam es zum Niedergang der Hanse?"

„Der Niedergang, der Bedeutungsverlust der Hanse fing an im 15. Jahrhundert. Allmählich vollzog sich der Niedergang."

„Was war der Grund dafür?"

„Nicht ein Grund, sondern viele Dinge führten dazu. Kurz gesagt:
1. Engländer und Niederländer wurden zunehmend zu Konkurrenten, auch süddeutsche Kaufleute wurden es.
2. Die Haupthandelswege verlagerten sich mehr in Richtung Übersee.
3. (Deutsche) Landesherren (Fürsten ...) gewannen an Macht und wollten wirtschaftliche Gewinne erzielen.
4. Es kam zu Sonderinteressen und Spannungen zwischen den Hansestädten ...

Der Dreißigjährige Krieg (1618 – 1648) bewirkte letztlich wesentlich das Ende der Hanse. Im Jahr 1669 fand in Lübeck der für lange Zeit letzte Hansetag statt."

KOHL VERLAG Wir lernen das Mittelalter näher kennen – Bestell-Nr. 12 337

22 Burgen (Blatt 2)

„Wenden wir uns der Gegenwart zu. Was erinnert heute noch an die historische Hanse?“

„Da sind zunächst einmal die Städte zu nennen, die sich schon immer als Hansestädte bezeichneten: Lübeck, Hamburg, Bremen ... Die Farben Weiß und Rot sind auf den Flaggen und Stadtwappen vieler Hansestädte zu sehen. Man besinnt sich wieder auf die Hanse. Im Jahr 1980 fand in der niederländischen Stadt Zwolle – anlässlich der 750-Jahrfeier der Stadt – nach langer Zeit wieder ein Hansetag statt. Inzwischen beteiligen sich zahlreiche Städte an den regelmäßig stattfindenden Hansetagen. Man kann von einer Wiederbelebung des Hanse-Mythos sprechen. In Lübeck besteht seit dem Jahr 2015 das Europäische Hanse-Museum. Manche Historiker und Politiker sehen in der Hanse eine Vorreiterrolle für die Europäische Union (EU).
Es lässt sich sagen: Das Thema ist aktuell.
Zum Schluss noch ein Hinweis: Das in der heutigen deutschen Sprache gebrauchte Wort *hänseln* hat seinen Ursprung im Begriff Hanse. Damit war einst die Aufnahmeprüfung in die Hanse gemeint. Wer damals Mitglied in der Hanse werden wollte, musste u.a. eine Mutprobe bestehen.“

„Ich bedanke mich für Ihre Informationen.“

„Ich habe dies gern gemacht.“

„Alles Gute wünsche ich Ihnen.“

„Vielen Dank. Auch für Sie alles Gute.“

Aufgabe 1: *Kreuze an, welche der folgenden Aussagen richtig und welche falsch sind.*

		Richtig	Falsch
1	Das Wort Hanse kommt aus der lateinischen Sprache.		
2	Eine Hanse war im Mittelalter zunächst ein Zusammenschluss von einzelnen Kaufleuten.		
3	Die Hanse hatte außer in Mitteleuropa Niederlassungen in West-, Nord- und Osteuropa.		
4	Am bekanntesten und bedeutendsten war die Hanse als Städtebund.		
5	Zur Hanse gehörten nur Küstenstädte.		
6	Der 1. Hansetag fand etwa Mitte des 13. Jahrhunderts in Lübeck statt.		
7	Im 14. Jahrhundert war die Hanse eine mächtige und bedeutende Organisation.		
8	Während der Zeit ihres Höhepunktes waren über 100 Städte Mitglieder der Hanse.		
9	Verschiedene Gründe führten zusammen zum Niedergang der Hanse.		
10	An die Hanse erinnert heute fast nichts mehr.		

Aufgabe 2: *Verbessere jetzt die Sätze, die falsche Aussagen enthalten.*

23 Kriege und kriegerische Auseinandersetzungen

Im Mittelalter gab es häufig Kriege oder kriegerische Auseinandersetzungen (Kreuzzüge, Raubzüge, Fehden ...). Diese kosteten sehr vielen Menschen das Leben. Am längsten dauerte der sogenannte Hundertjährige Krieg (1337-1453) zwischen England und Frankreich, der zwischendurch unterbrochen war.

Kriege und kriegerische Auseinandersetzungen wurden geführt, um Interessen durchzusetzen, Gebiete zu erobern und (weitere) Macht zu erringen. Auch dienten Kriege und andere Kämpfe dazu, Beute zu machen. Die Religion spielte eine Rolle, wenn es galt, Andersgläubigen „*mit Feuer und Schwert*“ einen bestimmten Glauben aufzuzwingen. Hohe Geistliche versuchten, solche Aktionen als „*Gottes Wille*“ zu rechtfertigen (= „*Heilige Kriege*“). Adlige griffen zum Mittel der Fehde, um Rechtsansprüche durchzusetzen.

Gewisse Zeit dominierten im Mittelalter berittene Kämpfer (insbesondere Ritter) in den kämpferischen Auseinandersetzungen. Aber auch sie allein waren nicht imstande, Burgen zu erobern. Burgen wurden belagert, um die Burgbesatzung auszuhungern und dann einnehmen zu können. Oder die Belagerer hofften, die Burg mit Hilfe von Sturmleitern, Rammböcken, hölzernen Belagerungstürmen, großen Katapulten oder durch Bau von Stollen ... zu besetzen. Die Bedeutung der Ritter ging im Mittelalter zurück, als Schützen mit Langbögen und/oder Armbrüsten ins Kampfgeschehen eingriffen. Ganz und gar verloren die Ritter ab dem Späten Mittelalter an Wirkung und Bedeutung, sobald Feuerwaffen (Kanonen, Feuerbüchsen) zum Einsatz kamen. Burgen boten gegen Kanonen auf Dauer auch nicht genügend Schutz vor Angreifern.

Aufgabe 1: *Nenne in Stichwörtern verschiedene Gründe für das Führen von Kriegen und kriegerischen Auseinandersetzungen.* ____________________

Aufgabe 2: *Wie versuchte man Burgen zu erobern?* ____________________

Aufgabe 3: *Warum verloren die Ritter im Verlauf des Mittelalters in Kriegen und sonstigen Kämpfen ihre frühere Bedeutung?* ____________________

Aufgabe 4: *Wieso boten Burgen am Ende des Mittelalters auf Dauer nicht genügend Schutz?* ____________________

Aufgabe 5: *Was denkst du allgemein über Kriege? Was meinst du zu „Heiligen Kriegen“?*

KOHL VERLAG Wir lernen das Mittelalter näher kennen – Bestell-Nr. 12 337

24 Die Bildung der Menschen

Aufgabe 1: *Verbinde die Satzanfänge mit den richtigen Satzenden. Die Buchstaben ergeben dann ein Lösungswort. (Was ist wichtiger?)*

Satzanfang	Nr.
Gemessen an heutigen Maßstäben waren	1
Am Ende des 6. Jahrhunderts sollen in Mitteleuropa ca.	2
Sie konnten in der Regel nicht lesen,	3
Auch wenn sie Analphabeten waren, besaßen sie aber gewöhnlich	4
Die allermeisten Menschen hatten nicht	5
Es gab zunächst Klosterschulen, ab dem Hohen Mittelalter	6
Aber die Schulen waren in erster Linie den Kindern	7
Für den Besuch einer Schule musste	8
Im Mittelalter waren zunächst hohe	9
Während des Späten Mittelalters	10
Etliche Universitäten wurden gegründet, am Ende des Mittelalters	11
Zwar kam es im Späten Mittelalter zu einer Verbesserung der Bildung in der Bevölkerung Europas,	12
Manche konnten zwar lesen und vielleicht	13

Buchstabe	Satzende
E	häufig Schulgeld bezahlt werden.
O	in den Städten weitere Schulen unter kirchlicher oder städtischer Aufsicht.
L	die Möglichkeit eine Schule zu besuchen.
U	bestanden in Europa ca. 80 Universitäten, so ist jedenfalls zu lesen.
A	95 % der Bevölkerung Analphabeten gewesen sein.
R	stieg das Bildungsniveau an.
E	ein bisschen rechnen, dagegen nicht schreiben.
T	die allermeisten Menschen im Mittelalter ungebildet oder wenig gebildet.
E	im Alltag erworbene praktische Kenntnisse und konnten diese anwenden.
T	doch die weitaus meisten Menschen (vor allem auf dem Lande) waren und blieben Analphabeten.
D	nicht schreiben und zudem meistens nicht rechnen.
D	aus höheren Bevölkerungsschichten und reichen Familien vorbehalten.
R	Geistliche (Bischöfe ...) am gebildetsten.

Lösung:

1	2	3	4	5		6	7	8	9		10	11	12	13

Aufgabe 2: *Was meinst du zur Bildung der Menschen im Mittelalter? Wie beurteilst du, dass bestehende Schulen vorwiegend Kindern aus höheren Bevölkerungsschichten und reichen Familien vorbehalten waren?*

25 Klöster ...

Im Mittelalter entstanden zahlreiche Klöster. Das Wort Kloster kommt ursprünglich von den lateinischen Wörtern claustrum und clostrum (= Riegel, Verschluss, Mauer). In Klöstern leb(t)en die Mönche und Nonnen quasi abgeschlossen von der Außenwelt, Mönche in Mönchsklöstern, Nonnen in Nonnenklöstern. Die Klöster waren umgeben von Mauern. Die Mönche und Nonnen führten ein frommes Leben nach vorgeschriebenen Regeln. So lautete der wichtigste und bekannteste Grundsatz der Benediktiner[1] in lateinischer Sprache „*Ora et labora!*“ (= „Bete und arbeite!“). Ihre Hauptaufgabe sahen die Mönche und Nonnen darin, Gott zu dienen. Vor allem Nonnen pflegten kranke bzw. sorgten für arme Menschen. Viele Mönche und Nonnen waren (sehr) gebildet. Im Gegensatz zum weitaus größten Teil der Bevölkerung und manchen Herrschern konnten sie lesen, schreiben, dichten ... In den Klöstern gab es u.a. Bibliotheken und des öfteren Klosterschulen. Zu den Klöstern gehörte häufig ein großer Landbesitz. Die Bewohner der Klöster betrieben Landwirtschaft und waren oftmals auch handwerklich tätig. In der Regel leitete jeweils ein Abt bzw. eine Äbtissin ein Kloster.

Aufgabe: *Beantworte folgende Fragen.*

a) Wie ist das Wort Kloster zu erklären? ______________________

____

b) Wie hieß der wichtigste Grundsatz der Benediktiner?

____

c) Was war in den Klöstern u.a. vorhanden?

____

d) Was lässt sich über die Bildung vieler Mönche und Nonnen sagen?

____

e) Welche wirtschaftlichen Arbeiten erledigten die Bewohner der Klöster?

____

f) Was ist ein Abt, was ist eine Äbtissin?

____

g) Welche Meinung hast du über Mönche und Nonnen?

____

____

h) Könntest du dir vorstellen, selbst (für eine bestimmte Zeit) in einem Kloster zu leben?

____

____

[1] religiöser Orden gegründet von und benannt nach Benedikt von Nursia (um 480 – um 547).

Wir lernen das Mittelalter näher kennen – Bestell-Nr. 12 337
KOHL VERLAG

26 Klöster ...

Mönche, Nonnen und andere Geistliche befassten sich mit in lateinischer Sprache geschriebenen Werken oder schrieben sogar selbst welche. Im Hohen Mittelalter entstand die (höfisch-ritterliche) Dichtung in der Volkssprache. Nichtgeistliche Dichter wie Wolfram von Eschenbach (1168 – 1220), Hartmann von Aue (um 1160 – 1210), Gottfried von Straßburg (um 1180 – um 1215) verfassten im deutschen Raum bekannt gewordene Werke über Helden, Abenteuer, Liebe sowie andere Dinge des Lebens. Walther von der Vogelweide (um 1170 – 1230) tat sich u.a. hervor als Minnesänger[1]. Minnesänger bekundeten in eigenen Versen ihre Empfindung, ihre Liebe zu angesehenen Frauen. Vorbild für die deutschen Minnesänger waren die französischen Troubadoure[2].

Kunstmaler stellten im Mittelalter hauptsächlich Religiöses in Bildern dar. Kulturelles zeigt(e) sich auch in der Architektur. Im Hohen Mittelalter wurden Kirchen im romanischen (= römischen) Baustil errichtet, vorwiegend im späten Mittelalter im gotischen[3] Baustil. Kennzeichnend für den romanischen Baustil waren vor allem eine wuchtige Bauweise, runde Bögen, kleine Fenster und wenig Schmuck. Typische Merkmale des gotischen Baustils waren insbesondere eine hochstrebende Bauweise, spitze Bögen, große Fenster sowie viel Schmuck.

Aufgabe 1: *Welches Bild zeigt den romanischen, welches den gotischen Baustil?*

a) ______________ **b)** ______________

Aufgabe 2: *Welcher Baustil gefällt dir besser? Begründe deine Entscheidung.*

____

____

____

____

____

____

[1] Minne (mittelhochdeutsch) = Liebe, Zuneigung
[2] trouver (franz.) = (er)finden
[3] gotisch = benannt nach dem germanischen Stamm der Goten

27 Erfindungen

In manchen Büchern und auch im Internet steht geschrieben, im Mittelalter habe es nur wenige Erfindungen gegeben – eine Behauptung, die so nicht richtig ist. Zwar sind keine besonderen Erfindungen aus Europa bekannt, die im Frühen Mittelalter gemacht wurden, doch danach gab es so manche Erfindungen bzw. Wiedererfindungen.

Als Erfindungen in Europa im Hohen Mittelalter gelten und werden des Öfteren zuerst genannt die Dreifelderwirtschaft und das Kummet. Mit dem Begriff Kummet ist der um den Hals und an der Brust liegende gepolsterte Teil des Pferdegeschirrs gemeint. Dadurch wird die Last auf Brust und Schultern verteilt und die Zugkraft des Pferdes kann überhaupt erst richtig zum Einsatz kommen.

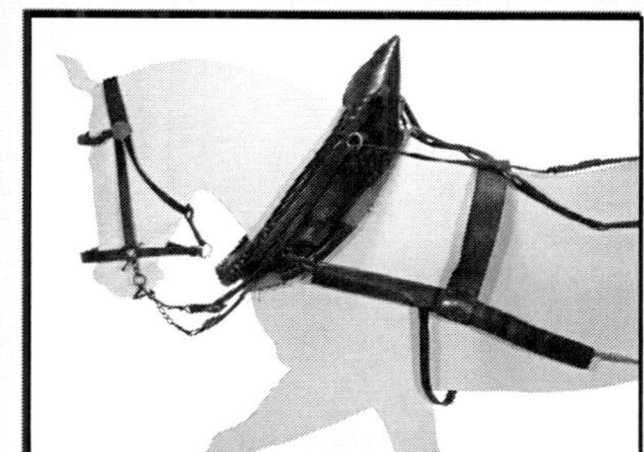

Die Dreifelderwirtschaft ersetzte die Zweifelderwirtschaft. Bei der Dreifelderwirtschaft wurde der jeweilige Acker 1 Jahr mit Sommergetreide, 1 Jahr mit Wintergetreide bebaut und lag 1 Jahr brach. Dieser Ablauf wurde in den folgenden Jahren immer beibehalten. Die Zweifelderwirtschaft war dadurch gekennzeichnet, dass der jeweilige Acker regelmäßig 1 Jahr bebaut wurde und 1 Jahr brach lag. Im Weiteren kamen ab dem Hohen Mittelalter anstelle von Hakenpflügen mehr und mehr Räderpflüge zum Einsatz.

Die Sensen ersetzten die kleinen Sicheln. Pferde erhielten eiserne Hufbeschläge. Zunehmend gab es vierrädrige Wagen. Als Dünger wurden Mist und Laub verwendet. So kam es, dass die landwirtschaftlichen Erträge gesteigert werden konnten.

In anschließender Zeit (vor allem im Späten Mittelalter) entstanden in Europa Windmühlen und bald auch Wassermühlen. Gearbeitet wurde mit u.a. Schubkarren, verbesserten Webstühlen und Spinnrädern. Handwerksbetriebe wurden durch technische Neuerungen sowie Verbesserungen produktiver. Einige Dinge waren bereits im Altertum erfunden worden, dann aber in Vergessenheit geraten und im Mittelalter wiederentdeckt worden. Zu den Erfindungen des Späten Mittelalters zählen die Brille, die Räderuhr, der Kompass, das hintere, drehbare Steuerruder bei Schiffen, schnellere Schiffe (Karavellen), Kupferstiche …

Die Entdeckung der Wirkung des Schießpulvers (= Schwarzpulver), das aus China bekannt wurde, führte zum Bau von Feuerwaffen (Kanonen, Feuerbüchsen …). Auch arabische Erfindungen bzw. Entwicklungen fanden Zugang nach Europa. Dazu gehörten u.a. die Lupe, die Gitarre, die Zahnbürste, medizinische Behandlungsmethoden und Instrumente, Rechensysteme.

Aufgabe: *Notiere in eigenen Sätzen, was du zum Thema Erfindungen im Mittelalter sagen kannst.*

___

___

___

___

___

___

KOHL VERLAG Wir lernen das Mittelalter näher kennen – Bestell-Nr. 12 337

28 Frauen

Im Mittelalter hatten insgesamt gesehen die Männer gegenüber Frauen eindeutig „das Sagen“. Frauen hatten eine sehr untergeordnete Rolle inne. Es galt quasi der Grundsatz, die Frau habe dem Mann zu dienen. Kirchenvertreter u.a. äußerten, die Frau sei dem Mann nicht nur körperlich, sondern auch geistig unterlegen.

Den Frauen oblag in den Familien die Aufgabe, sich um den Haushalt (Essen ...) und die Kinder zu kümmern. Abgesehen von etwaigen Mitsprachen in der Familie waren die Frauen von Mitbestimmung wie z.B. politischer Mitbestimmung ausgeschlossen. Zwar waren Frauen nicht ganz rechtlos, aber ihnen wurden viele Dinge verwehrt. Beispielsweise durften die Frauen keine Universitäten besuchen, die im Mittelalter entstanden. Im Gegensatz dazu hatten sie aber die Möglichkeit, z.B. einen Handwerksberuf zu ergreifen und sich in Zünften zu organisieren.

Ledige Frauen waren (noch) weniger angesehen als verheiratete Frauen. Manche Frauen – u.a. adlige – zogen das Leben als Nonne in einem Kloster vor oder wurden dazu gezwungen. Auch verheiratete adlige Frauen mussten in der Regel ihrem Ehemann gehorchen.

Aufgabe 1: *Beschreibe in einigen eigenen Sätzen die Rolle der Frauen im Mittelalter.*

____

____

____

____

Aufgabe 2: *Was meinst du zu der Rolle, die die Frauen im Mittelalter hatten?*

____

____

____

____

Aufgabe 3: *Welche Rolle haben die Frauen im heutigen Leben?*

____

____

____

____

29 Außergewöhnliche Frauen des Mittelalters (Blatt 1)

Drei Beispiele für Frauen, die im Mittelalter lebten und trotz der Dominanz von Männern („Männer machen Geschichte") aus der Geschichte noch heute bekannt sind:

Hildegard von Bingen (1098 – 1179)
Durch ihre adligen Eltern kam Hildegard von Bingen im Alter von ca. 8 Jahren in ein Kloster. In einem Benediktiner-Kloster wurde sie eine Nonne. Die gläubige Hildegard hatte zahlreiche, u.a. göttliche Visionen, die sie aufschrieb und anderen Personen (vor allem Geistlichen) mitteilte. Hildegard von Bingen gründete und leitete das in der Nähe von Bingen gelegene Kloster Rupertsberg. Später sorgte sie für die Entstehung eines Klosters in Eibingen bei Rüdesheim. Neben etlichen religiösen Werken verfasste Hildegard von Bingen Schriften über Ursachen und Behandlungen von Krankheiten, besonders mit Pflanzen aus der Natur. Auch schrieb Hildegard von Bingen Bücher über Musik, z.B. Liederbücher. Im Jahr 2012 sprach der Papst Benedikt XVI. die Frau heilig.

Elisabeth von Thüringen (1207 – 1231)
Im Alter von vier Jahren musste Elisabeth, Tochter des damaligen ungarischen Königs, nach Thüringen umziehen und wurde dort mit einem Sohn des Landgrafen verlobt. 1221 heiratete der 21 Jahre alte Landgraf Ludwig von Thüringen die vierzehnjährige Elisabeth. Das Ehepaar, das glücklich verheiratet gewesen sein soll, bekam drei Kinder. Doch dann verstarb der Ehemann während des 5. Kreuzzuges in Italien an einer Krankheit. Daraufhin wurde Elisabeth wegen ihrer Lebensführung von ihrem Wohnsitz durch Verwandte verstoßen und isoliert. Ihr wurde vorgeworfen, dass sie sich aus materiellem Reichtum nichts machte, keine standesgemäße, sondern ärmliche Kleidung trug, sich um kranke und arme Menschen kümmerte, Besitz verschenkte ... Die sehr fromme Elisabeth ging auch in die Geschichte ein als Gründerin von Hospitälern. Die Frau gründete u.a. ein Hospital in Marburg und pflegte hier Kranke. Erst 24 Jahre alt starb Elisabeth in Marburg aufgrund einer Krankheit. Bereits 1235 wurde Elisabeth von Thüringen durch den Papst heiliggesprochen.

Wir lernen das Mittelalter näher kennen – Bestell-Nr. 12 337
KOHL VERLAG

29 Außergewöhnliche Frauen des Mittelalters (Blatt 2)

Jeanne d'Arc (um 1410/1412 – 1431)

Sie wurde auch Jungfrau von Orléans und Johanna von Orléans genannt. Jeanne d'Arc wuchs in einem lothringischen Dorf in einer wohlhabenden Familie auf. Die Französin lebte in der Zeit der 2. Hälfte des zwischen Frankreich und England herrschenden Hundertjährigen Krieges. Gottesgläubig fühlte sich Jeanne d'Arc berufen, die englischen Truppen aus Frankreich zu vertreiben. Jeanne d'Arc gewann das Vertrauen hauptverantwortlicher Personen in Frankreich. Das französische Heer mit Jeanne d'Arc (in Männerkleidung und -ausrüstung) an der Spitze befreite im Jahr 1429 die von Engländern belagerte Stadt Orléans. Noch im selben Jahr führte Jeanne d'Arc den französichen Thronfolger Karl VII. zur Königskrönung nach Reims. Danach allerdings schwand der Erfolg von Jeanne d'Arc. Es gelang ihr mit den französischen Truppen nicht, Paris zu erobern. Im Jahr 1430 wurde Jeanne d'Arc von Burgundern gefangengenommen und für ein hohes Lösegeld den Engländern übergeben. 1431 verurteilte ein französisches Gericht, das unter englischem Einfluss stand, Jeanne d'Arc wegen Zauberei und Ketzerei[1] zum Tode und ließ sie in der Öffentlichkeit verbrennen. 25 Jahre nach ihrem Tod wurde Jeanne d'Arc rehabilitiert, d.h. das Gerichtsurteil wurde aufgehoben. Jeanne d'Arc wurde in Frankreich zu einer Nationalheldin. Die jeweils amtierenden Päpste sprachen Jeanne d'Arc im Jahr 1909 selig, 1920 heilig.

<u>Aufgabe 1</u>: *Vergleiche Hildegard von Bingen, Elisabeth von Thüringen sowie Jeanne d'Arc miteinander. Welche Gemeinsamkeiten gibt es bei diesen drei Frauen?*

____

____

____

____

<u>Aufgabe 2</u>: *Wie beurteilst du das Wirken der drei Frauen? Welche Person hat für dich den höchsten Stellenwert, welche den geringsten Stellenwert? Begründe deine Meinung.*

____

____

____

____

____

____

____

____

[1] abweichendes Verhalten von der Lehre der römisch-katholischen Kirche

30 Kinder

Zahlreiche Kinder starben schon im ersten Lebensjahr, weil sie krank waren, wurden oder nicht genügend robust waren. Dennoch gehörten zu einer Familie im Mittelalter oft 5 - 8 Kinder. Verglichen mit heute war die Kindheit der Kinder kurz. Die Kinder von Bauern und Handwerkern mussten bereits in ganz jungen Jahren bei der Arbeit mithelfen. So blieb ihnen nicht viel Freiheit zum Spielen, vor allem nicht im Sommerhalbjahr. Gewöhnlich mussten diese Kinder sehr früh am Morgen aufstehen, deshalb gingen sie am Abend vorzeitig ins Bett. Aber es gab im Mittelalter auch Spielzeuge (z.B. Holzpferde). Die Kinder von Adligen und wohlhabenden Bürgern brauchten dagegen nicht bei Arbeiten mithelfen. Jedoch mussten sie lernen, z.B. in einer Schule oder sie wurden von Privatlehrern oder anderen Personen unterrichtet bzw. erzogen. Kinder wurden im Mittelalter normalerweise (viel) strenger erzogen als heute, des Öfteren mit Schlägen bestraft.

Bereits im Alter ab 12 Jahren galten Mädchen als Erwachsene, Jungen im Alter ab 14 Jahren. Noch sehr jung wurden sie verheiratet, viele Mädchen schon mit 12 Jahren, so manche Jungen mit 14 Jahren.

Aufgabe 1: *Nenne in Stichwörtern Unterschiede im Leben zwischen Kindern im Mittelalter und heutigen Kindern, stelle sie in der Tabelle gegenüber.*

Kinder im Mittelalter:	Heutige Kinder:

Aufgabe 2: *Was meinst du zur Situation der Kinder im Mittelalter?*

KOHL VERLAG Wir lernen das Mittelalter näher kennen – Bestell-Nr. 12 337

31 Krankheiten

Aufgabe 1: *Verbinde die Satzanfänge mit den richtigen Satzenden. Die Buchstaben ergeben dann ein Lösungswort. (Das gab es nicht.)*

Satzanfang	Nr.
Auch Krankheiten bedrohten das	1
Ganz viele Menschen starben	2
Die Lebenserwartung der Männer, die arbeiteten mussten,	3
Frauen verstarben in der Regel noch	4
So manche Frauen verloren ihr Leben	5
Etwa 25 % aller geborenen Kinder sollen	6
Unzählige Menschen wurden Opfer	7
Um 1350 wurden in Europa angeblich ca.	8
Diese Seuche wurde und wird durch	9
Doch dies wusste man damals, ebenso wie viele andere Dinge	10

Buchstabe	Satzende
T	lag bei 30 bis höchstens 40 Jahren.
E	bei der Geburt von Kindern.
N	ein Bakterium ausgelöst, z.B. übertragen durch Rattenflöhe.
E	an Krankheiten, vor allem arme Menschen.
B	von Seuchen wie Cholera, Tuberkulose, Ruhr, Pest ...
U	25 Millionen Menschen Todesopfer der großen Pest.
B	Leben der Menschen im Mittelalter.
G	über Krankheiten und Gegenmittel, noch nicht.
A	früher als Männer.
U	das 1. Lebensjahr nicht überstanden haben.

Lösung:

1	2	3	4	5	6	7	8	9	10

Operation am Kopf

Im Mittelalter sahen die allermeisten Menschen Krankheiten als Strafen Gottes für begangene menschliche Sünden an. Geistliche empfahlen Kranken, (endlich) Frieden mit Gott zu machen. Andere Leute betrachteten Krankheiten als Werke des Teufels oder richteten ihren Zorn gegen Minderheiten (Juden, Zigeuner ...). Um Schwerkranke kümmerten sich Mönche und Nonnen in den Klöstern. Die Mönche und Nonnen waren quasi die ersten Ärzte. Sie verknüpften das, was sie in medizinischen Schriften aus der Antike lasen, mit eigenen Versuchen und Erfahrungen, z.B. bei dem Einsatz von bestimmten Kräutern. Im Hohen Mittelalter entstanden in Städten (sehr) einfache Hospitäler (= Krankenhäuser). Krankheiten wurden u.a. behandelt, indem man aus dem Körper der Kranken Blut entnahm (= Aderlass), dieses umleitete (= Schröpfen) oder Blutegel auf die Haut setzte. Erst ab späterer Zeit gab es Ärzte, die an Universitäten ausgebildet waren. Sie hatten aus übersetzten arabischen Medizinbüchern oder direkt von arabischen Medizinern gelernt. Aber insgesamt gesehen konnten auch die damals an Universitäten ausgebildeten Ärzte schwerkranken Menschen nicht oder nur wenig helfen, sodass die Kranken starben.

Aufgabe 2: *Fasse den Inhalt dieses Textes in etwa 5 oder 6 eigenen Sätzen zusammen.*

Aufgabe 3: *Informiere dich in Büchern/im Internet über das Thema Krankheiten und deren Behandlung im Mittelalter. Formuliere dazu weitere eigene Sätze (auf einem Extrablatt).*

32 Redensarten aus dem Mittelalter

Es gibt viele Redensarten (~ Redewendungen), die aus dem Mittelalter stammen.

Aufgabe:

Finde zu den 25 Anfängen der Redensarten (links) die richtigen Fortsetzungen in der Mitte und dann noch dazu (rechts), was diese heute bedeuten. Richtig geordnet ergeben unten 2 Buchstabenreihen zusammen die Lösung. (Damals gut für die meisten!)

Bild über holländische Sprichwörter

1	An den	M	Visier kämpfen	H	= Getadelt, gerügt werden
2	Arm wie eine	C	gerädert fühlen	D	= Eine Sache nicht übertreiben
3	Auf dem	U	hinter die Ohren schreiben	S	= Nicht mehr weiter wissen
4	Den Gang nach	A	dem Staube machen	M	= Das Wirken einer Person einschränken, deren Existenz gefährden
5	Die Kirche im	N	Blasen keine Ahnung haben	E	= Ängstlich werden, etwas noch zu erreichen
6	Einem Brief und	E	Kirchenmaus sein	S	= Tapfer, unerschrocken sein
7	Etwas im	J	kriechen	N	= Demütig um Verzeihung bitten
8	Fest im	H	Dorf lassen	N	= Etwas fest zusichern
9	Jemandem das	S	Canossa antreten	E	= Den Missetäter öffentlich bloßstellen
10	Jemanden für	W	Pantoffel stehen	L	= Seine Absichten ehrlich darlegen
11	Mit offenem	I	Holzweg sein	N	= Von einer Sache nichts versehen
12	Mit seinem Latein	W	Pranger stellen	N	= Sich unterwerfen, demütig werden
13	Ritter ohne	E	Siegel geben	M	= Sehr arm sein, nichts besitzen
14	Schmutzige	Z	Wasser abgraben	A	= Gemeinsame Sache machen
15	Sein Fett	U	vogelfrei erklären	A	= Sich irren
16	Sich am	H	bekommen	A	= Als rechtlos, schutzlos hinstellen
17	Sich aus	N	Decke stecken	N	= Von seiner Ehefrau beherrscht werden
18	Sich etwas	E	am Ende sein	C	= Schlechte Dinge über eine andere Person erzählen
19	Sich wie	I	Schilde führen	I	= Insgeheim etwas vorhaben
20	Torschlusspanik	R	Furcht und Tadel	R	= Sich zusammenreißen, anstrengen
21	Unter dem	K	Wäsche waschen	B	= Todmüde, völlig erschöpft sein
22	Unter die	N	Riemen reißen	E	= In einer Stellung sicher sein
23	Unter einer	E	weg bekommen	E	= Sich (heimlich) entfernen, fliehen
24	Vom Tuten und	T	Sattel sitzen	I	= Sich etwas gut merken
25	Zu Kreuze	E	Haube bringen	K	= Verheiraten

Lösung in der Mitte:

1	2	3	4	5	6	7	8	9	10	11	12	13	14	15	16	17	18	19	20	21	22	23	24	25

Lösung rechts:

1	2	3	4	5	6	7	8	9	10	11	12	13	14	15	16	17	18	19	20	21	22	23	24	25

Wir lernen das Mittelalter näher kennen – Bestell-Nr. 12 337
KOHL VERLAG

Test III Was kannst du sagen über …?

1. die Hanse

2. Kriege und kriegerische Auseinandersetzungen im Mittelalter

3. die Bildung der Menschen im Mittelalter

4. Kulturelles im Mittelalter

5. Erfindungen im Mittelalter

6. Frauen im Mittelalter

7. Kinder im Mittelalter

8. Krankheiten im Mittelalter

9. Redensarten aus dem Mittelalter

33 Geschichte auf Bildern – Frühes Mittelalter (Blatt 1)

<u>Aufgabe 1</u>: *Was kannst du zu den beiden Bildern sagen? Erkläre näher, worum es jeweils geht. Was weißt du schon über die allgemeine geschichtliche Bedeutung der dargestellten Sache?*

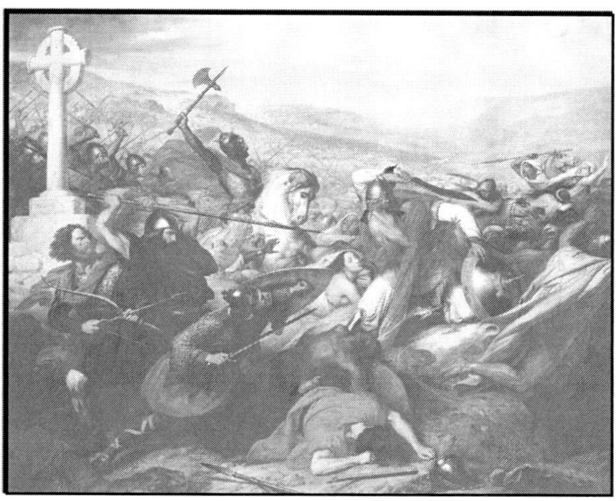

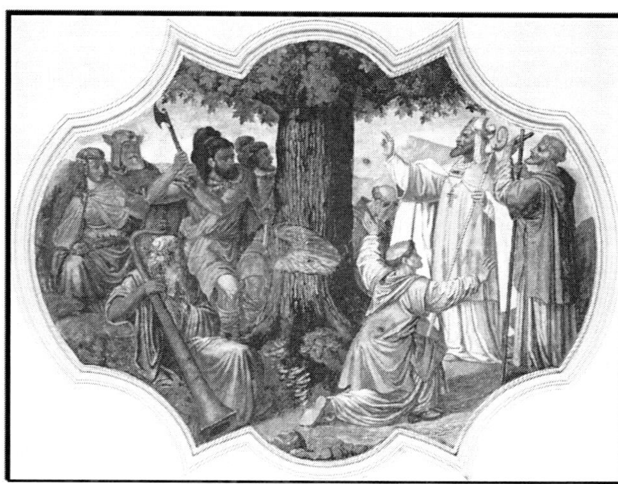

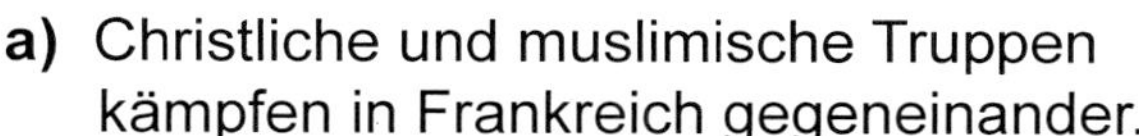

a) Christliche und muslimische Truppen kämpfen in Frankreich gegeneinander.

b) Der Missionar Bonifatius fällt die Donaueiche.

KOHL VERLAG Wir lernen das Mittelalter näher kennen – Bestell-Nr. 12 337

33 Geschichte auf Bildern – Frühes Mittelalter (Blatt 2)

Aufgabe 2: *Was kannst du zu den beiden Bildern sagen? Erkläre näher, worum es jeweils geht! Was weißt du schon über die allgemeine geschichtliche Bedeutung der dargestellten Sache?*

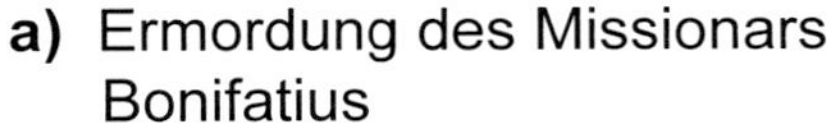

a) Ermordung des Missionars Bonifatius

b) Krönung Karls des Großen durch den Papst

34 Geschichte auf Bildern – Hohes Mittelalter (Blatt 1)

Aufgabe 1: *Was kannst du zu den beiden Bildern sagen? Erkläre näher, worum es jeweils geht. Was weißt du schon über die allgemeine geschichtliche Bedeutung der dargestellten Sache?*

a) Lehns-pyramide

b) Die Wartburg

Geschichte auf Bildern – Hohes Mittelalter (Blatt 2)

Aufgabe 2: *Was kannst du zu den beiden Bildern sagen? Erkläre näher, worum es jeweils geht! Was weißt du schon über die allgemeine geschichtliche Bedeutung der dargestellten Sache?*

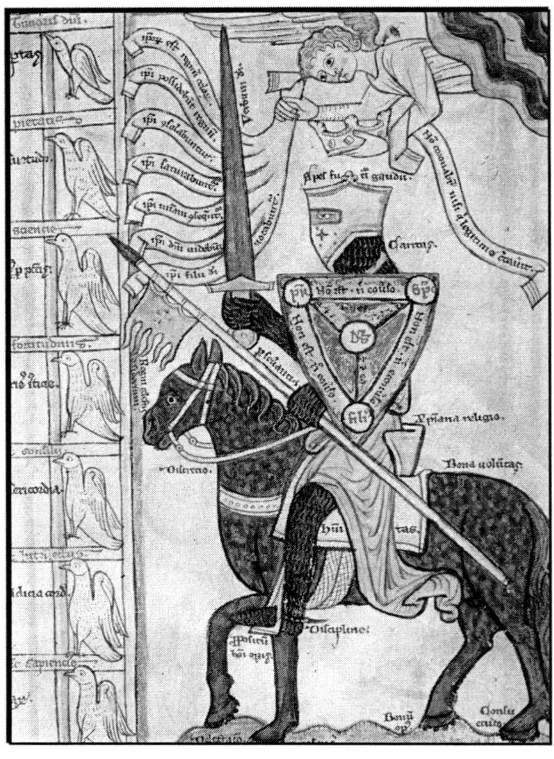

a) Ritter

b) König Heinrich IV. in Canossa

35 Geschichte auf Bildern – Spätes Mittelalter (Blatt 1)

Aufgabe 1: *Was kannst du zu den beiden Bildern sagen? Erkläre näher, worum es jeweils geht. Was weißt du schon über die allgemeine geschichtliche Bedeutung der dargestellten Sache?*

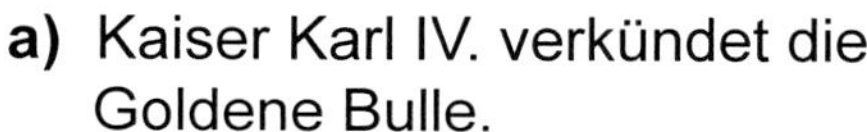

a) Kaiser Karl IV. verkündet die Goldene Bulle.

b) 3 Zunftwappen

35 Geschichte auf Bildern – Spätes Mittelalter (Blatt 2)

Aufgabe 2: *Was kannst du zu den beiden Bildern sagen? Erkläre näher, worum es jeweils geht! Was weißt du schon über die allgemeine geschichtliche Bedeutung der dargestellten Sache?*

a) Hansekogge

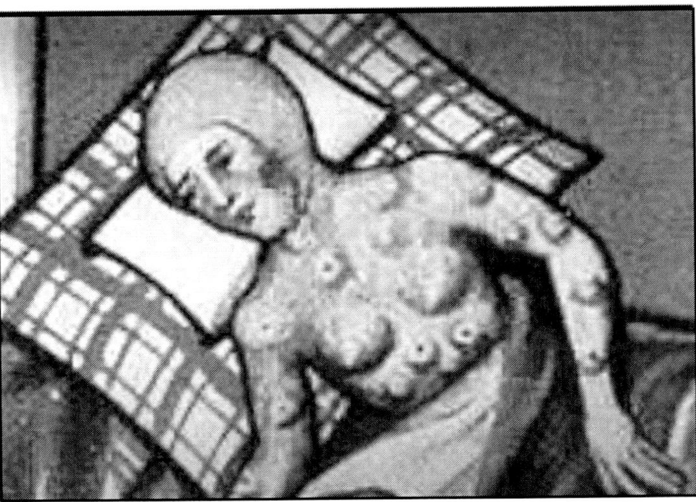

b) Frau mit Pestbeulen

36 Ein Museum für ein „dunkles Zeitalter“?

Das Mittelalter stellt man sich oft als ein dunkles, rückständiges, unwürdiges Zeitalter der Geschichte vor. Im nordamerikanischen Sprachraum wird das Mittelalter auch als „Dark Age(s)“ bezeichnet.

Aufgabe 1: *Ist die Bezeichnung „dunkles Zeitalter“ deiner Meinung nach gerechtfertigt? Nimm Stellung dazu. Wie beurteilst du das Mittelalter?*

Aufgabe 2: *Angenommen: Du hättest die Möglichkeit, ein Mittelalter-Museum aufzubauen. Notiere etwa 20 Dinge aus bzw. zum Mittelalter, die sich in diesem Museum befinden sollten.*

Aufgabe 3: *Zeichne bzw. male dein Mittelalter-Museum von außen.*

37 Mein Wohnort im Mittelalter

Forsche danach: Was in deinem Wohnort hat mit dem Mittelalter zu tun, hängt also damit zusammen?

Drei Beispiele:
- Wann wurde dein Wohnort möglicherweise erstmals im Mittelalter in einer historischen Quelle erwähnt?
- Wurde vielleicht eine/die jetzige Kirche bereits im Mittelalter gebaut?
- Welche Straßennamen erinnern an das Mittelalter?

Eine Goldene Bulle befindet sich heute in Trier.

Aufgabe 1: *Notiere deine Forschungsergebnisse zunächst kurz stichwortartig.*

____

____

____

____

Aufgabe 2: *Verfasse jetzt einen zusammenhängenden Text in vollständigen Sätzen zum Thema „Mein Wohnort im Mittelalter".*

____

____

____

____

____

____

____

Aufgabe 3: *Mache nun in deinem Wohnort ein Gedankenexperiment. Stelle dir vor, du könntest jetzt mit einer Zeitmaschine in das Mittelalter reisen und dabei im Ort bleiben. Hättest du gern im Mittelalter gelebt? Warum bzw. warum nicht? Wenn ja, wann genau und als was hättest du gern im Mittelalter gelebt?*

____

____

____

____

____

____

____

38 Deine Meinung zum Thema *Mittelalter*

Aufgabe 1: *Wie findest du das Thema Mittelalter? Begründe deine Meinung.*

____

____

____

____

____

____

> Egal, wie gut dir das Thema gefällt, du hast sicher schon viel darüber gelernt.
> Nutze jetzt dein Wissen zu diesem Thema im Kreuzworträtsel.

Aufgabe 2: *Gesucht werden 11 Begriffe bzw. Namen mit dem jeweils vorgegebenen Anfangsbuchstaben.*

1	**M**											
2	**I**											
3	**T**											
4	**T**											
5	**E**											
6	**L**											
7	**A**											
8	**L**											
9	**T**											
10	**E**											
11	**R**											

1 = Sie verbreiteten das Christentum, bekehrten Heiden oder versuchten es.
2 = Weltreligion, die im Mittelalter entstand
3 = Eingangsgebäude einer Burg
4 = Von Römern gegründete deutsche Stadt, die auch während des Mittelalters existierte
5 = Land, das im Mittelalter lange Zeit Krieg gegen Frankreich führte
6 = Bedeutende Hansestadt im Mittelalter
7 = In dieser Stadt liegt Karl der Große begraben.
8 = Mittelalterliche Herrschaftsform, auch als Feudalsystem bezeichnet
9 = Form, in der der Handel im Mittelalter zuerst betrieben wurde
10 = Siedlungsform, die nur aus 1 Hof im Mittelalter bestand
11 = Sie kämpften im Mittelalter u.a. gegeneinander.

39 Das Mittelalter von A bis Z

Aufgabe: *Finde zu jedem Buchstaben einen Begriff und einen dazu passenden Satz.*

	Begriff	Satz mit diesem Begriff
A	Adlige	Adlige übten im Mittelalter die Herrschaft über ihre Untergebenen aus.
B		
C		
D		
E		
F		
G		
H		
I		
J		
K		
L		
M		
N		
O		
P		
Q		
R		
S		
T		
U		
V		
W		
Z		

Hinweis: Zu empfehlen ist es, das Blatt auf DIN A3-Format zu vergrößern.

Spiel 1 Was ist im großen Mittelalter-Koffer?

Wir stellen uns einen großen Koffer vor, in dem sich verschiedene Gegenstände aus dem Mittelalter befinden. Die Schüler können den Koffer nicht sehen und sollen erraten, um welche Gegenstände es sich handelt.

1. Phase: Zunächst stellt der Lehrer die Frage, welche Dinge (wohl) im Mittelalter-Koffer sind.

2. Phase: Zu den Dingen, die bisher noch nicht erraten worden sind, gibt die Lehrkraft nach und nach einzelne Hinweise, damit es leichter wird, die Gegenstände herauszufinden.

Wer einen Gegenstand zuerst errät, erhält jeweils einen Punkt. Spielsieger ist, wer schließlich die meisten Punkte aufweist.

Variation: Die Schüler zeichnen selbst einen Koffer, in den sie mittelalterliche Gegenstände zeichnen oder schreiben. Diese Gegenstände müssen später von anderen Schülern erraten werden.

Spiel 2 Was weißt du über … ?

die Vorgeschichte des Mittelalters 1	**den Begriff Mittelalter und die zeitliche Begrenzung 2**	**die Zeitabschnitte des Mittelalters 3**
die Christianisierung 4	**die Macht der römisch-katholischen Kirche 5**	**den Islam 6**
die Entstehung des Fränkischen Reiches 7	**das Fränkische Reich unter Karl dem Großen 8**	**das Ende des großen Fränkischen Reiches und weitere Auswirkungen 9**
das Heilige Römische Reich Deutscher Nation 10	**die Bevölkerungs-entwicklung im Mittelalter 11**	**die Gesellschaftsordnung im Mittelalter 12**
das Leben auf dem Lande im Mittelalter 13	**Städte im Mittelalter 14**	**die Wirtschaft im Mittelalter 15**
die mittelalterliche Wikinger- Siedlung *Haithabu* 16	**Burgen 17**	**Ritter 18**
die Hanse 19	**Kriege und kriegerische Auseinandersetzungen 20**	**die Bildung der Menschen im Mittelalter 21**
Kulturelles im Mittelalter 22	**Erfindungen im Mittelalter 23**	**Frauen im Mittelalter 24**
Kinder im Mittelalter 25	**Krankheiten im Mittelalter 26**	**Redensarten aus dem Mittelalter 27**

Spielregeln: Die Spieler (Teams) sind abwechselnd an der Reihe. Wer dran ist, sucht sich jeweils ein bisher im Spiel noch nicht behandeltes Thema aus. Innerhalb einer vorgegebenen Zeit muss der Spieler (das Team) zu diesem Thema möglichst viele Aussagen machen. Für jede richtige Aussage gibt es einen Punkt. Spielsieger ist, wer schließlich die meisten Punkte aufweist, wenn jedes Feld einmal dran war.

40 Lösungen

1 **Aufgabe 1+2:** Individuelle Lösungen

2 **Aufgabe:** Individuelle Lösungen

3 **Aufgabe:**

a) dem Altertum und der Neuzeit
b) das Ende des Weströmischen Reiches (476)
c) Entdeckung Amerikas durch Kolumbus (1492) – Beginn der Reformation durch Luther (1517)
d) Erfindung des Buchdrucks durch Gutenberg (ca. 1450) - Eroberung Konstantinopels durch die Türken (1453)
e) 1000 Jahre
f) italienische Gelehrte (Humanisten)
g) des dunklen Zeitalters, gekennzeichnet u.a. durch Unterdrückung, Kriege, Seuchen …
h) Menschenfreunde, Wohltäter der Menschlichkeit

4 **Aufgabe 1:**

Beispiellösung:

Zu Beginn des Mittelalters (ca. 500 n. Chr.) nahm der fränkische König Chlodwig I. den christlichen Glauben an. Schon bald danach begann mit den Benediktinern in Europa das Leben von sehr frommen Christen in Klöstern. Im 7. Jahrhundert entstand durch Mohammed der Islam. Fränkische Truppen und Verbündete wehrten im 8. Jahrhundert das weitere Vordringen von Arabern in Frankreich ab. Mitte des 8. Jahrhunderts schenkte der fränkische König Pippin III. dem Papst Gebiete in Italien. Der fränkische König Karl der Große ließ sich im Jahr 800 in Rom vom damaligen Papst zum Kaiser krönen. Im Vertrag von Verdun (843) erfolgte die Aufteilung des Fränkischen Reiches. Der sächsische Herzog Heinrich I. wurde 919 zum König des Ostfränkischen Reiches gewählt, das zum „Reich der Deutschen“ wurde. Der amtierende Papst krönte den ostfränkischen König Otto I. im Jahr 962 in Rom zum Kaiser. Um das Jahr 1 000 entdeckten Wikinger Nordamerika und siedelten sich dort vorübergehend an der Küste an.

Aufgabe 2:

Lösungen (Beispiel):

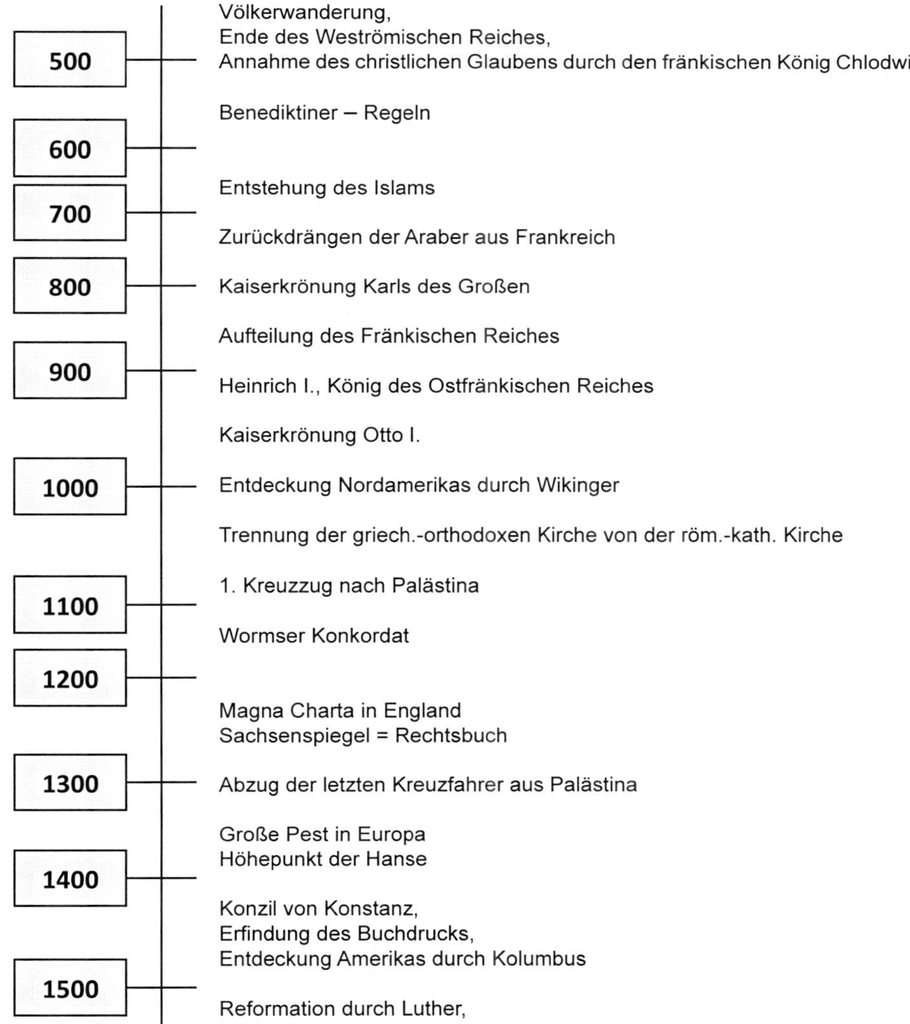

40 Lösungen

5 **Aufgabe**: Individuelle Lösungen

6 **Aufgabe 1+2**: Individuelle Lösungen

7 **Aufgabe 1**:

a) Halbinsel	**b)** Mohammed	**c)** Zeitrechnung	**d)** Flucht
e) Gott	**f)** Mekka	**g)** Glaubensbewegung	
h) gewaltsam	**i)** Mauren	**j)** Franken	

Aufgabe 2: Individuelle Lösungen

8 **Aufgabe 1+2**: 7, 5, 8, 2, 9, 1, 6, 10, 4, 3

9 **Aufgabe**: Individuelle Lösungen

10 **Aufgabe**: Individuelle Lösungen

11 **Aufgabe 1**: Individuelle Lösungen

Aufgabe 2:

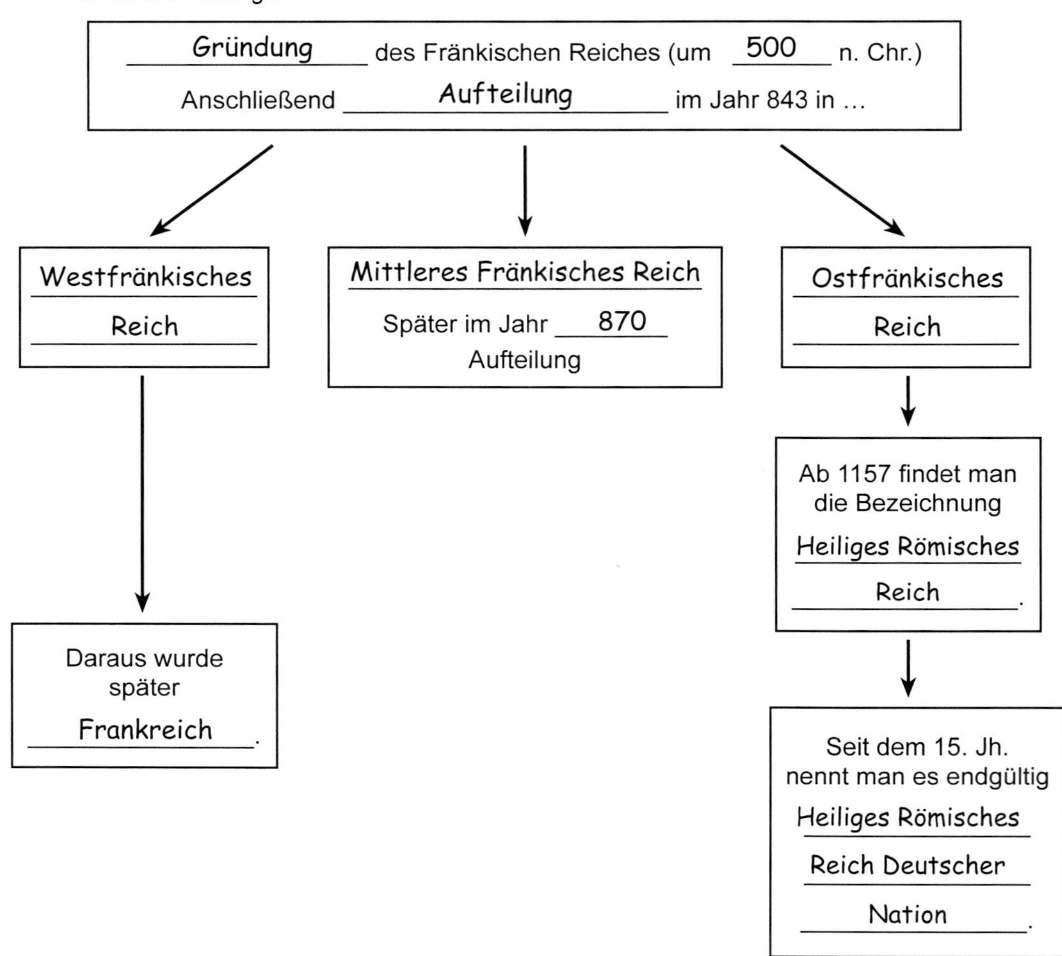

12 **Aufgabe**: Individuelle Lösungen

13 **Aufgabe 1**: König, Kaiser – Kronvasallen (Bischöfe, Fürsten) – Untervasallen (Grafen, Ritter, Äbte) – unfreie, abhängige Bauern (Hörige, Leibeigene)

Aufgabe 2: Individuelle Lösungen

14 **Aufgabe**: Reihenfolge von oben nach unten:
Einzelhöfen, Holz, Stroh, Zäune, Erträge, Dreifelderwirtschaft, Regeneration, brach, Wintergetreide, Hohen, östlich, Landwirtschaft, Pest, besiedelte

40 Lösungen

15 **Aufgabe 1:** Kirchen, Rathaus, Wohnhäuser, Marktplätze, Gasthäuser, Handelshäuser, Stadttore, Stadtmauer, Brunnen, Handwerkshäuser, ...

Aufgabe 2:

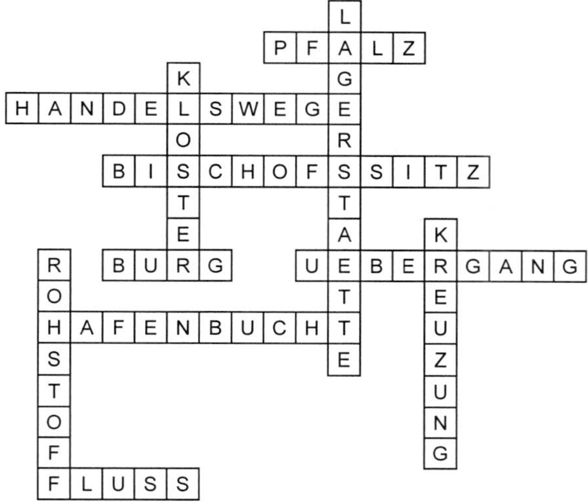

15 **Aufgabe 3:** Als Patrizier bezeichnete man die wohlhabenden Bürger in den Städten.

Aufgabe 4: Pfahlbürger nannte man die Leute, die sich außerhalb der Stadtmauern, vor den städtischen Grenzpfählen ansiedelten.

Aufgabe 5: Unfreie Bauern (Hörige, Leibeigene) waren bemüht, sich von ihren Grundherren zu befreien, indem sie versuchten, sich in Städten niederzulassen. Die Unfreien wurden in den meisten Städten frei, sofern die Grundherren nicht innerhalb von 1 Jahr + 1 Tag ihre Ansprüche auf die Unfreien rechtlich geltend machten.

Aufgabe 6: Individuelle Lösungen

16 **Aufgabe:** Individuelle Lösungen

17 **Aufgabe:**

- Rückgang des Anteils der Erwerbstätigen in der Landwirtschaft und deren Umfeld von über 95 % auf ca. 80 %;
- Zunahme des Verkaufs von landwirtschaftlichen Produkten auf Märkten;
- Steigerung des Handels, auch des Fernhandels;
- Zusammenschluss von Kaufleuten in Gilden bzw. Handelskompanien;
- Organisation von Handwerkern in Zünften;
- Mehr Bergbau zur Gewinnung von Eisen, Kupfer, Zinn, Silber ...;
- Aufkommen der Geldwirtschaft, allmähliche Verdrängung des Tauschhandels, erstmals Gründung von Banken in Italien

18 **Aufgabe 1+2:** Individuelle Lösungen

19 **Aufgabe 1:**

a) große befestigte Anlagen zum Wohnen und Schutz, außerdem zum Zeigen der Herrschaft, Macht und des Ansehens **b)** Holz **c)** Steinen
d) Höhenburgen – Niederungsburgen **e)** Adligen
f) Burgherren (Adlige) mit Familie sowie Untergebene **g)** über 25 000 Burgen
h) Feuerwaffen (vor allem Kanonen) wurden erfunden und eingesetzt.
i) Flensburg, Hamburg, Oldenburg, Magdeburg, Würzburg, Freiburg ...
j) Pech → Pech haben

Aufgabe 2: *Lösung:* ZUR VERTEIDIGUNG

20 **Aufgabe:**

a) Reiterkrieger, d.h. als Kämpfer auf Pferden
b) im 12. und 13. Jahrhundert
c) ihr kämpferisches Können
d) 1. Page, ab 7 Jahre; 2. Knappe, ab 14 Jahre; 3. Ritter, ab 21 Jahre
e) der Ritterschaft
f) der Deutschritterorden gegründet
g) den Fußsoldaten
h) Feuerwaffen erfunden wurden
i) Raubrittern, indem sie z.B. Kaufleute überfielen

21 **Aufgabe 1/2:** Individuelle Lösungen

KOHL VERLAG Wir lernen das Mittelalter näher kennen – Bestell-Nr. 12 337

22 **Aufgabe 1:** Richtig sind 2, 3, 4, 7, 9

Aufgabe 2:
Zu 1: Das Wort Hanse kommt aus der germanischen und althochdeutschen Sprache.
Zu 5: Zur Hanse gehörten Küstenstädte und Binnenstädte.
Zu 6: Der 1. Hansetag fand etwa Mitte des 14. Jahrhundert in Lübeck statt.
Zu 8: Während der Zeit ihres Höhepunktes waren über 200 Städte Mitglieder der Hanse.
Zu 10: An die Hanse erinnern heute noch so manche Dinge: die Bezeichnung Hansestädte, Hansetage, das Hanse-Museum in Lübeck …

23 **Aufgabe 1:** Durchsetzung von Interessen, Eroberung von Gebieten, Erringung weiterer Macht, religiöse Motive, Durchsetzung von Rechtsansprüchen.

Aufgabe 2: Durch Belagerung Aushungern der Burgbesatzung, sodass sich diese schließlich ergab. Einnahme der Burg mit Hilfe von Sturmleitern, Rammböcken, Belagerungstürmen, großen Katapulten, Bau von Stollen …

Aufgabe 3: Die Ritter waren den nunmehr eingesetzten Feuerwaffen unterlegen, auch Schützen mit Langbögen oder Armbrüsten.

Aufgabe 4: Die eingesetzten Feuerwaffen (insbesondere Kanonen) begünstigten die Eroberung von Burgen.

Aufgabe 5: Individuelle Lösungen

24 **Aufgabe 1:** Lösung: TADEL ODER RUTE

Aufgabe 2: Individuelle Lösungen

25 **Aufgabe:**

a) Das Wort Kloster kommt aus der lateinischen Sprache. Es heißt übersetzt so viel wie abgeschlossen, abgeschieden von der Außenwelt.
b) „Ora et labora!" (= „Bete und arbeite!").
c) Kirche, Kapelle, Bibliothek, Garten, einfache Wohnräume …
d) Viele Mönche und Nonnen waren (sehr) gebildet.
e) Landwirtschaftliche und handwerkliche Tätigkeiten
f) Ein Abt ist ein männlicher Leiter eines Klosters, eine Äbtissin eine weibliche Leiterin.
g) Individuelle Lösungen
h) Individuelle Lösungen

26 **Aufgabe 1:** **a)** gotisch; **b)** romanisch

Aufgabe 2: Individuelle Lösungen

27 **Aufgabe:** Individuelle Lösungen

28 **Aufgabe 1+2:** Individuelle Lösungen

Aufgabe 3: In der Bundesrepublik Deutschland sind Männer und Frauen laut Grundgesetz gleichberechtigt. Aber die Wirklichkeit sieht des Öfteren anders aus. So werden Frauen in der Arbeitswelt häufig schlechter bezahlt als Männer …

29 **Aufgabe 1:** Hildegard von Bingen, Elisabeth von Thüringen und Jeanne d'Arc stammten alle aus wohlhabenden Familien. Alle drei Frauen wurden durch Päpste heilig gesprochen. Die drei Frauen gelten heute (noch) als bekannte Persönlichkeiten, die im Mittelalter lebten. Sie opferten sich auf, um (soziale …) Taten zu vollbringen.

Aufgabe 2: Individuelle Lösungen

30 **Aufgabe 1:**

Kinder im Mittelalter:	Heutige Kinder:
wenig(er) Freizeit	mehr Freizeit
Kinderarbeit erlaubt.	Kinderarbeit (sehr) eingeschränkt, zumindest in Deutschland
wenige Schulen, keine Schulpflicht	allgemeine Schulpflicht
strenge(re) Erziehung	keine strenge Erziehung
Mädchen und Jungen galten schon sehr früh als Erwachsene.	Mädchen und Jungen gelten in Deutschland erst ab dem Alter von 18 Jahren als Erwachsene.
heiraten schon im sehr frühen Alter der Heranwachsenden	heiraten erst im höheren Alter der Heranwachsenden

Aufgabe 2: Individuelle Lösungen

Lösungen

31 <u>Aufgabe 1</u>: Lösung: BETAEUBUNG

<u>Aufgabe 2+3</u>: Individuelle Lösungen

32 <u>Aufgabe</u>: Lösung: WEISHEIT ZU MERKEN AUCH WENN JEMAND NIEMALS SCHREIBEN KANN

33 <u>Aufgabe 1</u>:

a) Im 7. Jahrhundert entstand auf der großen arabischen Halbinsel der Islam. Dieser verbreitete sich rasch im Orient, in Nordafrika und auf der Pyrenäenhalbinsel. Fränkischen Truppen gelang es im 8. Jahrhundert, Muslime aus dem Raum Frankreich zu vertreiben.

b) Missionare trugen im Mittelalter wesentlich dazu bei, den christlichen Glauben in Europa zu verbreiten. Einer der bekannt gewordenen Missionare war der aus England stammende Benediktinermönch Bonifatius. Eigentlich trug er den Namen Winfried.

<u>Aufgabe 2</u>:

a) Im hohen Alter machte sich Bonifatius mit anderen auf den Weg, heidnische Friesen zum Christentum zu bekehren. Doch dies misslang. Friesen töteten Bonifatius und dessen Gefährten. Bonifatius wurde im Dom in Fritzlar (= heute: Bundesland Hessen) begraben.

b) Im Jahr 800 ließ sich der fränkische König Karl der Große in Rom vom Papst zum Kaiser krönen. Karl der Große war ein fanatischer Christ. Er zwang Andersgläubige (so z.B. Sachsen) gewaltsam, den christlichen Glauben anzunehmen. Wer dazu nicht bereit war, musste mit dem Tod rechnen.

34 <u>Aufgabe 1</u>:

a) Das vom fränkischen Reich ausgehende Lehnswesen prägte das Mittelalter. In der Gesellschaftsordnung höher stehende Personen verliehen Ländereien an Untergebene zur Bewirtschaftung und übertrugen Ämter. Auf unterster Ebene in der Lehnspyramide standen abhängige Bauern, ganz oben der jeweilige König bzw. Kaiser.

b) Sehr viele Burgen entstanden im Mittelalter. Im Frühen Mittelalter wurden sie oft aus Holz gebaut, später aus Steinen. Die Wartburg gehört zu den bekanntesten deutschen Burgen. Der Bau dieser im heutigen Bundesland Thüringen gelegenen Burg erfolgte im 11. Jahrhundert.

<u>Aufgabe 2</u>:

a) Ritter kann man als Reiterkämpfer bezeichnen. Sie kämpften sitzend auf Pferden. Ihre bedeutendste Zeit (= Blütezeit, Glanzzeit) waren das 12. sowie das 13. Jahrhundert. Viele Ritter waren u.a. an der Durchführung der Kreuzzüge beteiligt.

b) Der deutsche König Heinrich IV. und der Papst Gregor VII. stritten um die Macht. Es ging darum, wer Bischöfe und Äbte in ihr Amt einsetzen durfte. Im Jahr 1077 unterwarf sich in Canossa (= Italien) Heinrich IV. dem Papst Gregor VII., um von dessen Bann befreit zu werden.

35 <u>Aufgabe 1</u>:

a) Im Jahr 1356 wurde in der Goldenen Bulle festgelegt, welche 7 Personen das Wahlrecht besitzen sollten, den deutschen König zu wählen. Dieses Wahlrecht durften 7 Personen ausüben: 4 weltliche Herrscher und drei geistliche Oberhäupter (= Erzbischöfe).

b) Im Verlauf des Mittelalters schlossen sich Handwerker und andere Berufstätige jeweils zu Zünften zusammen. In den einzelnen Zünften galten spezielle Ordnungen (= Zunftordnungen). Die Zünfte hatte ihre Zunftwappen.

<u>Aufgabe 2</u>:

a) Koggen waren hochbordige Handels- und Kriegsschiffe der Hanse. Zunächst war die Hanse ein Zusammenschluss von Kaufleuten (= Kaufmannshanse). Daraus wurde im Späten Mittelalter ein lockerer Zusammenschluss von zeitweise über 200 Städten (= Städtebund).

b) Die Menschen hatten im Mittelalter u.a. unter Seuchen zu leiden. Unzählig viele Menschen starben durch Seuchen (= ansteckende, sich sehr schnell verbreitende Krankheiten). Etwa 25 Millionen Menschen sollen um 1350 in Europa durch die große Pest ihr Leben verloren haben. Die Pest zeigte sich u.a. in der Bildung von Beulen am Körper.

36 <u>Aufgabe 1-3</u>: Individuelle Lösungen

37 <u>Aufgabe 1-3</u>: Individuelle Lösungen

40 Lösungen

38 **Aufgabe 1:** Individuelle Lösungen

Aufgabe 2:

M	I	S	S	I	O	N	A	R	E		
I	S	L	A	M							
T	O	R	H	A	U	S					
T	R	I	E	R							
E	N	G	L	A	N	D					
L	Ü	B	E	C	K						
A	A	C	H	E	N						
L	E	H	N	S	W	E	S	E	N		
T	A	U	S	C	H	H	A	N	D	E	L
E	I	N	Z	E	L	H	O	F			
R	I	T	T	E	R						

39 **Aufgabe:** Beispiele:

	Begriff	Satz mit diesem Begriff
A	Adlige	Adlige übten im Mittelalter die Herrschaft über ihre Untergebenen aus.
B	Burgen	Typisch für das Mittelalter war der Bau sehr vieler Burgen.
C	Christentum	Das Christentum breitete sich im Mittelalter in Europa wesentlich aus.
D	Dreifelderwirt-schaft	In Mitteleuropa wurde während des Mittelalters auf Äckern die Dreifelderwirtschaft eingeführt.
E	England	England und Frankreich führten im Späten Mittelalter den sogenannten 100-jährigen Krieg.
F	Franken	Die Franken waren ein großer germanischer Volksstamm, der in Teilstämme gegliedert war.
G	Gotik	Der Baustil der Gotik war u.a. durch spitze Bögen gekennzeichnet.
H	Hanse	Die Hanse war ein lockerer Zusammenschluss von zeitweise über 200 Städten.
I	Islam	Der Islam entstand im 7. Jahrh. auf der großen arabischen Halbinsel durch Mohammed.
J	Jean d'Arc	Jean d'Arc versuchte im 15. Jahrh., Frankreich von der englischen Herrschaft zu befreien.
K	Karl der Große	Durch den Papst ließ sich Karl der Große im Jahr 800 in Rom zum Kaiser krönen.
L	Lehnswesen	Das Lehnswesen prägte damals die Gesellschafts- und Wirtschaftsordnung in Mitteleuropa.
M	Missionare	Missionare sorgten für die Verbreitung des Christentums.
N	Normannen	Normannen (= Wikinger) eroberten im Jahr 1066 England.
O	Ostfränk. Reich	Das Ostfränkische Reich ging im 9. Jahrh. aus der Teilung des Fränkischen Reiches hervor.
P	Papst	Der Papst war und ist das höchste Oberhaupt der römisch-katholischen Kirche.
Q	Quedlinburg	Quedlinburg (= nordöstlich des Harzes) war im Mittelalter ein bedeutender Ort im deutschen Raum. Quedlinburg war vorübergehen quasi die Hauptstadt des ostfränkischen Reiches.
R	Ritter	Die Ausbildung der Ritter erfolgte im Mittelalter vom 7. bis zum 21. Lebensjahr.
S	Städte	Städte waren im Mittelalter sehr viel kleiner als heute und gewöhnlich umgeben von Mauern.
T	Tauschhandel	Im Mittelalter wurde lange Zeit hauptsächlich Tauschhandel (Ware gegen Ware) betrieben.
U	Unfreie	Unfreie waren gegenüber ihren Herren zu Diensten, Abgaben ... verpflichtet.
V	Völkerwanderung	Die Zeit der (großen) Völkerwanderung bildete den Übergang vom Altertum zum Mittelalter.
W	Wikinger	Sie entdeckten um 1000 die Küste Nordamerikas und siedelten sich dort vorübergehend an.
Z	Zünfte	Handwerker und andere Erwerbstätige schlossen sich zu einzelnen Zünften zusammen.